事业单位会计工作与财务管理变革研究

宋秀宏　著

经济日报 出版社

北京

图书在版编目（CIP）数据

事业单位会计工作与财务管理变革研究/宋秀宏著 .

北京：经济日报出版社，2025.7

ISBN 978-7-5196-1584-0

Ⅰ . F812.2

中国国家版本馆 CIP 数据核字第 2025FT1070 号

事业单位会计工作与财务管理变革研究

SHIYE DANWEI KUAIJI GONGZUO YU CAIWU GUANLI BIANGE YANJIU

宋秀宏　著

出版发行：经济日报出版社

地　　址：北京市西城区白纸坊东街 2 号院 6 号楼

邮　　编：100054

经　　销：全国各地新华书店

印　　刷：武汉怡皓佳印务有限公司

开　　本：710mm × 1000mm　1/16

印　　张：13

字　　数：200 千字

版　　次：2025 年 7 月第 1 版

印　　次：2025 年 7 月第 1 次印刷

定　　价：72.00 元

目录 CONTENTS

第一章 引言

第一节 研究背景与意义

一、背景

随着我国社会主义市场经济体制的日益成熟与完善，财政体制改革的步伐不断加快且深入，事业单位会计核算体系正面临着从传统的收付实现制向权责发生制的转型。这一转变旨在更精确地反映事业单位的财务状况和运营成果，为决策提供更为可靠的信息基础。与此同时，数字化技术正以前所未有的速度席卷各行各业，大数据、云计算等新兴技术为事业单位在财务数据的高效处理、深度分析及智能化决策支持方面提供了新的可能性。然而，当前仍有不少事业单位在财务管理上还停留在手工记账或简单的电算化阶段，未能充分抓住数字化浪潮带来的机遇。以某文化事业单位为例，由于旧的会计核算体系无法实现对项目资金流向的实时追踪和监控，导致项目超支情况严重，且难以及时发现并采取应对措施，这一问题充分凸显了事业单位会计工作与财务管理变革的紧迫性和必要性。面对这样的挑战，事业单位必须加快会计工作与财务管理的变革步伐，积极地引入和应用数字化技术，提升财务管理的精准度和效率，以适应时代发展的需求。

二、意义

从理论层面来看，对事业单位会计工作与财务管理的变革研究能够丰富会计学领域中政府与非营利组织会计的分支内容，进一步拓展和完善公共部门管理理论的内涵。这不仅有助于构建更加系统、科学的理论体系，也为相关领域的学术研究提供了更为丰富的实践案例和理论支撑。而在实践层面，这样的变革对于事业单位而言，意味着能够更加精准地核算成本，从而实现对预算资金的合理安排和高效利用。以教育事业单位为例，通过变革可以优化教育资源的配置，提升教育质量和效益；而在医疗事业单位中，变革则能够提升医疗服务的效率和效益，为患者提供更好的医疗服务体验。同时，变革还有助于事业单位切实防范债务风险、资金挪用等财务风险，确保民生领域公益服务的稳定供给，为社会的和谐发展贡献力量。

◈ 第二节　国内外研究现状

在国内，近十年来，学术界对事业单位实施新政府会计制度给予了高度关注，研究重点也随着制度推进而不断演变。初期，学者们主要聚焦于新旧会计制度双体系核算的衔接难题，特别是固定资产折旧核算的统一规范等方面；随后，研究重心逐渐转向财务管理优化策略，如构建全面预算管理体系，以提升资金使用的效率和效果；近年来，随着信息技术的飞速发展，智慧财务建设成为新的研究热点，财务机器人等先进技术的应用场景正被积极探索。尽管学界普遍认为变革是事业单位发展的必然趋势，但在变革节奏的控制以及新技术应用的深度上仍存在争议。部分学者担忧，过快地引入新技术可能会对现有财务人员的岗位稳定性造成冲击。

相比之下，欧美发达国家的非营利组织在财务管理方面起步较早，早已采用作业成本法进行精细化成本核算，并在绩效导向的财务管控上建立了完善的平衡计分卡评价体系。这一体系从财务、客户、内部流程、学习与成长等多个维度全面衡量组织的绩效，为非营利组织的持续发展和社会影响力的提升提供了有力支撑。与我国事业单位主要依赖财政拨款、监管侧重于合规性不同，欧美非营利组织的资金来源更加多元化，主要依赖于社会捐赠与服务收费，因此其监管更加注重信息披露的透明度。这为我国事业单位提供了宝贵的借鉴经验，即可以借鉴其成本管控与绩效评价的理念，结合我国实际情况，优化自身的管理体系，以提升公共服务的效率和质量。

◈ 第三节 研究内容与方法

一、研究内容

本书旨在全面剖析事业单位会计工作的现状、面临的问题与挑战，并探索其变革的必要性与方向，进而提出有效的变革策略。研究内容涵盖事业单位会计工作的定义、特点、制度环境、现状分析、问题挑战、变革必要性、变革方向、变革策略以及财务管理变革策略等多个方面。

二、研究方法

（一）文献研究法

在本书的推进过程中，文献研究法扮演了至关重要的角色，为研究团队提供了坚实的基础。团队成员投入了大量的时间与精力，广泛且深入地搜集了来自国内外权威渠道的丰富资料，力求实现信息的全面覆盖。

在政策文件方面，研究团队密切关注了国内外各级政府部门和行业监管机构发布的与事业单位会计及财务管理变革紧密相关的法规、准则、通知和指导意见。从国家层面的宏观财政改革政策，到地方政府针对本地事业单位特性出台的细化实施方案，团队都进行了详尽的搜集。例如，我国近年来持续深化的公共财政体系改革相关文件，包括预算管理新规、政府采购制度优化细则等，为研究提供了精准的政策导向指引。同时，团队还借鉴了国外发达国家如英国、美国在公共部门财务管理领域的先进政策范式，通过对比分析，为我国事业单位财务管理变革提供了有益的启示和思路。

在学术期刊文章方面，团队成员深入各大知名数据库，筛选了会计学、财务管理学、公共管理等多个学科领域的核心期刊，对近十年来发表的与研究主题相关的文章进行了深度挖掘。这些文章汇聚了全球各地专家学者的前沿研究成果和独到见解，涵盖了从理论探索到实践案例剖析的丰富内容。一方面，在会计核算理论革新方面，有学者提出了基于复杂业务场景的新型会计核算模型，运用前沿数学算法解决成本分摊难题，为事业单位应对新兴业务的会计处理提供了创新性思路；另一方面，在财务管理战略转型领域，多篇文章聚焦于数字化技术在事业单位财务管理生态重塑中的应用，通过实证研究验证了大数据、人工智能等技术在预算管理、风险防控等环节的应用效果，为研究提供了有力的实证支持。

此外，学位论文也是研究团队的重要资料来源。特别是那些聚焦于事业单位财务变革实践的硕博论文，通常基于作者深入一线调研、长期跟踪案例所积累的详实数据，进行了系统性分析。有的论文以某一特定类型的事业单位（如高校或医疗机构）为例，深入剖析了其在财务管理变革过程中遇到的人员困境、技术瓶颈和制度摩擦，并提出了针对性的解决方案；还有的论文致力于构建综合性的事业单位财务管理变革评价体系，运用多维度指标量化评估变革成效，为衡量本研究中的变革实践提供了可借鉴的方法论框架。

（二）案例分析法

案例分析法在本研究中犹如精细的解剖工具，深入剖析事业单位会计与财务管理变革的内在机制，以确保研究结论既可靠又实用。在案例的选择上，研究团队秉持严谨科学的态度，精心构建了一个极具代表性的案例库。从层级维度来看，案例库涵盖了中央直属的大型事业单位、省市级的中型事业单位以及基层的小型事业单位。大型事业单位如国家级科研院所，资金规模庞大，业务复杂多样，面临高精尖项目成本核算、国际合作经费管理等难题；中型事业单位如省级文化艺术中心，在有限的预算下平衡社会效益与经济效益；小型事业单位如社区卫生服务中心，则专注于优化资源配置，提升服务性价比。从类型维度来看，案例库全面覆盖了教育、科研、文化、卫生、社会服务等多个领域，包括综合性大学、职业技术院校、基础科学研究机构、应用技术研发中心、博物馆、剧院、文化馆、大型三甲医院以及专科医院等，为研究提供了丰富的素材。

为获取翔实可靠的资料，研究团队深入实地进行了走访调研。团队成员带着精心设计的问卷和访谈提纲，走进事业单位的财务部门、业务部门和管理层，与财务人员、业务骨干和管理人员进行深入交流。在财务部门，团队成员查阅了历年财务账目、报表和凭证，了解了财务数据的细节；在业务部门，团队成员观察了业务流程的实际运作，探究了业务与财务管理的衔接点；在管理层，团队成员了解了单位整体战略规划对财务管理变革的导向作用，以及在变革过程中决策制定和推进的难点。通过这种全方位、沉浸式的实地调研，研究团队直接获取了事业单位在会计与财务管理变革前后的第一手资料，包括财务数据、业务流程、人员反馈和制度文本等多个层面。

在此基础上，研究团队运用科学的对比分析方法，对案例单位变革前后的财务状况进行了量化比对。团队成员观察了案例单位资产负债率、经费自给率和成本利润率的变化，评估了其偿债能力、自我"造血"功能和盈利能力；同时，还评估了案例单位预算执行偏差率的缩小程度、财务报表生成时间的缩短幅度以及业务项目完成周期的变化，反映了其预算管理精准度、财务工作效率以及业务与财务协同流畅性的提升。

（三）问卷调查法

问卷调查法在本研究中发挥着核心的数据采集与深入洞察作用，它如同一座坚固的信息桥梁，连接着研究者与研究对象，为研究团队准确把握事业单位会计与财务管理的现状及其未来趋势铺设了道路。

在问卷设计的过程中，研究团队倾注了大量心血，遵循科学性、针对性和全面性的原则，精心雕琢每个问题。问卷开头以简明扼要的引言向受访者清晰阐述研究目的和重要性，迅速拉近彼此的心理距离，赢得他们的信任和支持。问卷主体内容全面覆盖多个关键领域，首要关注的是受访者对当前会计与财务管理体系的满意度评估。对于财务人员，问卷详细询问了他们对会计核算流程便捷性的感受，如记账的复杂度和账目核对的难易；对财务报表编制准确性与及时性的评价，是否满足内外部管理需求；以及对资金管理安全性和高效性的看法，如资金闲置或短缺的频率等。对于管理人员，问卷重点了解他们从单位整体运营视角对财务部门提供决策支持的满意度，包括财务分析报告的深度、实用性，以及预算编制与战略规划的契合度等。同时，问卷还面向服务对象、合作伙伴等利益相关方，探究他们对事业单位财务透明度的感知，如收费标准的清晰度、资金使用公示的满意度。

进一步地，问卷深入探索了各方对变革的认知水平。通过设计问题，了解财务人员对最新会计准则、财务管理理念和技术应用（如大数据、人工智能在财务领域的运用）的了解程度，是否参与过相关培训，以及在实际工作中的应用熟练度；了解管理人员对行业财务管理变革趋势的洞察，是否主动关注并借鉴其他单位的先进变革经验，以及对本单位变革必要性的认识深度。同时，也询问利益相关方是否注意到事业单位财务服务质量的变化，以及对即将到来的变革有何期待。

最后，问卷着眼于未来期望，鼓励受访者积极表达自己的观点。财务人员可以提出对未来财务系统智能化升级的具体需求，如智能报销系统的期望功能、财务数据分析工具的优化方向；管理人员可以阐述期望财务管理如何更好地服务于单位长期发展战略，如在新兴业务拓展中的财务风险控制、跨部门资源整合的财务协调机制；利益相关方则有机会表达对事业单位财务公开、服务效能提升的进一步诉求，如希望看到更详尽的项目资金使用报告、更便捷的缴费退费服务等。

在问卷发放阶段，研究团队充分考虑了样本的广泛性和代表性，通过多种渠道、分层级地向事业单位的财务人员、管理人员及利益相关方精准推送问卷。一方面，利用行业协会、主管部门的官方平台发布问卷链接，覆盖不同地域、不同规模的各类事业单位，确保行业参与的广泛性；另一方面，针对重点研究案例单位，采取实地发放纸质问卷与线上问卷相结合的方式，提高问卷的回收率和有效率。对于财务人员，可通过财务工作群、专业论坛等定向渠道精准触达；管理人员由研究团队成员直接联系单位负责人或通过行政部门协助发放；利益相关方则通过事业单位的服务窗口、官方网站留言板、社交媒体账号等公开途径邀请参与，最大限度地拓宽样本来源。

问卷回收后，研究团队运用专业的统计分析方法对数据进行精细处理。首先，进行数据清洗，剔除无效问卷，纠正明显错误数据，确保数据质量。其次，采用描述性统计分析方法，计算各项满意度指标、认知程度指标的平均值、标准差等，直观呈现数据分布特征，了解各方的总体态度倾向。例如，通过计算财务人员对会计核算便捷性评分的平均值，评估整体满意度水平；分析管理人员对变革必要性认知评分的标准差，洞察观点的差异程度。最后，运用相关性分析探究不同变量之间的内在联系，如研究财务人员对新技术应用知晓程度与变革支持态度之间的相关性，挖掘影响变革推进的关键因素；利用因子分析提炼影响财务管理体系评价的核心因子，简化复杂的数据结构，为问题诊断提供清晰线索。

（四）访谈法

访谈法，作为本研究不可或缺的重要调研工具，可深入事业单位会计与财务管理变革的核心地带，挖掘隐藏在表面之下的核心信息与深层逻辑，延伸研究的深度与广度。

在访谈对象的选择上，研究团队秉持严谨的态度，精心挑选了两类关键群体。一类是处于变革前沿的关键岗位人员，他们直接参与并体验着财务管理变革的每一个环节。例如，财务部门的总账会计，他们每日沉浸在繁复的财务数据海洋中，对会计核算流程的每一个细微之处都能洞若观火，且能够详细揭示现行会计制度在处理复杂业务时的烦琐与瓶颈，如跨年度项目核算的混乱、多部门经费分摊的难题等。预算主管则掌握着单位资金的命脉，深知预算编制、执行与调整中的种种挑战，如预算争夺、执行缺乏刚性、年中预算调整困难等。此外，业务部门的项目负责人也是重要的访谈对象，他们能够直观反映在新业务拓展中财务支持的不足与滞后，如线上教育课程开展时财务部门未能及时提供适配的收费与成本核算方案。

另一类是行业内的资深专家，他们凭借深厚的学术造诣、宏观视野与实战经验，始终站在行业发展的前沿，对变革有着独到的见解。这些专家有的来自高校财经院系，长期致力于事业单位财务管理的学术研究，能够从理论层面剖析变革的深层次矛盾，如传统财务理论对新型业务模式的束缚，以及数字时代财务学新范式的构建。有的则是在大型事业单位历练多年后转型为咨询专家的实战派，他们亲历过多次变革的波澜壮阔，深知不同类型事业单位在变革中的典型问题与困境，如公益二类事业单位在市场化转型中的体制机制障碍与经济效益与社会效益的平衡。还有的是行业协会的资深顾问，密切关注政策动态，能够精准解读政策对财务管理变革的影响与约束，提前预警潜在风险。

访谈提纲的设计同样要经过深思熟虑，旨在深入挖掘深层次的问题与挑战。以轻松话题开场，缓解受访者的紧张情绪，营造良好沟通氛围。随后，针对关键岗位人员，重点探讨变革中的痛点与难点，如人员、流程、技术等方面的阻力。询问财务人员对新系统操作的抵触情绪、既有流程的僵化问题、技术落地的基础设施瓶颈与数据安全隐患等。对于资深专家，则侧重于宏观战略与制度层面的探讨，如隐性制度壁垒、跨部门业财融合的制约、政策法规的滞后性等。

在访谈实施环节，研究团队采用多样化的方式确保信息收集的全面与准确。对于本地受访者，可优先选择面对面交流，通过观察受访者的表情、语气、肢体语言捕捉潜在信息。对于异地受访者，则可利用视频通话工具进行远程交流。访谈过程全程录音录像，以确保信息记录的完整与准确。

访谈结束后，进入资料整理与分析阶段。可逐字逐句梳理访谈记录，提取关键信息与核心观点，运用主题分析法对内容进行归类整合。将关键岗位人员反映的问题按照人员、流程、技术等维度进行分类，清晰呈现变革困境。将资深专家的见解依据战略、制度、政策等层面进行划分，构建宏观分析框架。在此基础上，深入挖掘不同观点之间的内在联系，探寻问题的根源与本质。

第二章　事业单位会计工作概述

◈ 第一节　事业单位会计的定义与特点

一、定义

事业单位会计是一个专为事业单位经济活动设立的核算与监督体系，其核心在于对事业单位实际发生的各项经济业务进行精确核算。该体系的目标是真实展现事业单位预算执行的全貌及其成效，旨在为内部管理、上级监管机构及所有利益相关者提供详尽而准确的财务信息。

二、特点

（一）非营利性

事业单位会计的核心与最显著特征是其非营利性，这一本质属性从根本上指引着其经济活动的方向。与追求利润最大化的企业形成鲜明对比，事业单位的各种经济活动并非旨在积累经济利润，而是坚定不移地追求社会效益的最大化，致力于为社会公众提供高质量的公共服务。事业单位广泛覆盖教育、科研、文化、卫生等众多关键社会领域，承担着不可或缺的社会责任。在教育领域，公立学校致力于人才培养，为社会进步奠定坚实基础；科研机构潜心研究尖端科技，推动国家创新发展战略的实施；文化事业单位专注于传承和弘扬优秀传统文化，丰富民众的精神文化生活；医疗卫生机构则守护着民众的健康。其会计体系经过精心设计，旨在准确、全面地反映这些复杂多样活动背后的成本效益关系，就像一台精密的计量仪器，仔细权衡着每一项投入与产出，确保宝贵资源能够被精确且高效地用于增进社会福祉的各个环节，使每一分投入都能转化为推动社会前行的力量。

（二）资金来源多样性

事业单位的资金来源构成了一个既复杂又条理清晰的多元化网络，这一网络精确地反映了其作为社会服务核心提供者的独特角色和地位。

1. 政府财政

在资金网络的浩瀚星空中，政府财政拨款犹如那颗璀璨的北极星，坚定不移地为事业单位构筑起最坚固的资金后盾。它宛如春雨般细腻而持久，精准灌溉着教育、科研、医疗等关键领域的事业单位。在教育领域，公立学校因财政拨款而焕发生机，现代化的教学楼巍然屹立，高科技的教学设施如多媒体教室与智能实验室遍地开花，为师生搭建了启迪智慧、探索真理的殿堂。优秀师资因优渥待遇而汇聚，他们以渊博的知识和满腔热忱，点亮学子心中的智慧之灯，为国家培育未来的栋梁。科研院所在财政资金的强力推动下，勇攀科学高峰，从基础理论探索到应用技术研发，不断突破，为国家创新驱动发展战略点亮一盏盏明灯。医疗卫生机构则凭借财政拨款，筑起坚实的健康防线，采购先进医疗物资，更新医疗设备，让患者在享受高效医疗服务的同时，感受到普惠医疗的温暖阳光。政府财政拨款的稳定支持，让事业单位得以专心致志地履行社会职能，不断提升公共服务质量，为社会福祉贡献力量。

2. 教育收费

在教育领域，合理且合规的学费收入如同一股清泉，为教育机构注入源源不断的活力。它既是教育机构日常运营的坚实后盾，也是推动教育质量提升的巧妙杠杆。在基础教育阶段，学费收入助力学校购置丰富的课外读物、更新体育器材，组织多彩活动，拓宽学生视野，培养学生的综合素养。高等教育院校则凭借学费收入，加大对优势学科的投入，引进顶尖人才，打造科研高地，同时优化课程体系，引入国际化教学资源，打造现代化校园设施，让校园成为学生梦想起航的地方。学费收入不仅缓解了教育机构的资金压力，更激励其不断提升教育质量，为学生创造更加优越的学习环境。

3. 医疗服务费

医疗系统通过收取与提供的专业医疗服务精准匹配的医疗服务费，构建起一张医患和谐共生的良性互动网络。在综合医院，从挂号费到诊疗费，从检查费到手术费，每一项费用都承载着患者对健康的渴望与对医生的信任。医生凭借精湛的医术与前沿设备，迅速诊断病情，为患者提供精准治疗。专科医院则聚焦特色领域，如口腔、医美等，为患者提供个性化诊疗方案，让他们在收获健康与美丽的同时，为优质服务买单。医疗服务费的合理收取，不仅保障了医疗机构的正常运营，更让患者通过支付费用获得高效、贴心的医疗服务，实现了医患双赢。

4.经营活动

部分事业单位凭借其专业优势，跨界涉足经营领域，宛如勇敢的探险家，在市场的广阔天地中开辟出一条增收创利的新路径。学术期刊出版单位依托其深厚的学术资源，精心策划出版前沿出版物，成为学术交流的重要平台。订阅者们付费订阅，汲取学术新知，广告商则投放广告，展示科研成果，实现三方共赢。专业咨询机构则凭借汇聚各方专家的智囊团队，为社会各界提供定制化解决方案。无论是企业战略转型还是政府政策制定，咨询团队都能运用专业知识与实践经验，精准把脉，开出良方。经营活动不仅为事业单位拓宽了收入渠道，更实现了专业价值与商业利益的完美融合，为自身发展注入了新的活力。

5.社会各界捐赠

来自社会各界的慈善捐赠也是一股重要的资金力量，无论是个人对教育发展的热心支持，还是企业具有社会责任感的定向捐助，抑或是基金会长期致力于公益事业的资助，这些捐赠如同涓涓细流，汇聚成事业单位资金来源的重要组成部分。面对如此多样化和复杂化的资金来源，事业单位的会计必须具备高度的灵活性和严谨性，对每一笔资金进行精确识别和细致处理，确保资金使用的全过程符合规范，同时，将效率贯穿于资金流动的每一个环节，确保每一分钱都用在刀刃上，实现社会效益与资源利用效率的双重最大化。

三、会计主体特殊性

尽管事业单位在法律框架内享有作为独立会计主体的权利，能够自主规划并实施经济活动，凭借其业务专长与社会需求灵活调配资源、拓展业务范围，但其财务活动却如同置身于公众视野的焦点之中，承受着来自多方面的严格监督。这一独特性主要体现在两大核心层面：

（一）政府监管

政府，作为事业单位的核心出资者与宏观指导者，承担着确保公共资金合理流向、推动行业稳健前行的重任。因此，对事业单位的财务活动实施了一系列详尽且严格的监管举措。在预算管理上，政府强调源头把控，引导事业单位摒弃传统的粗放预算模式，转而采纳零基预算等先进方法，全面考量业务需求、战略定位及社会发展趋势，确保预算安排既精准又合理。例如，教育事业单位在编制新学年预算时，需详尽阐述教学设备购置、师资培训、校园修缮等开支的必要性及预期成效，并经政府主管部门层层审批，以剔除不合理的预算虚增，从源头上保障资金安全。在资金使用环节，政府通过构建动态监控系统，实时追踪资金流向，对专项资金实施专款专用、专户管理，严防资金挪用、挤占等违规行为。一旦发现资金使用偏离预定轨道，如科研经费被违规挪作他用，应立即责令整改，情节严重者将依法追究责任，以强硬手段确保资金严格依规高效使用。在决算阶段，政府要求事业单位提交详尽规范的决算报告，并对照预算逐项核实执行情况，剖析偏差原因，为来年预算优化提供借鉴，形成闭环管理，力求财政资金效益最大化。

（二）社会监督

随着时代的飞速发展，信息传播速度之快令人咋舌，社会透明度显著提升，社会公众、媒体等多方力量犹如一双双锐利的眼睛，对事业单位的财务状况给予密切关注并实施有效监督。社会公众作为事业单位服务的直接体验者与公共资源的最终受益者，对事业单位的资金流向、服务成本效益等议题越发关注。例如，家长们关切教育事业单位收取的学费是否切实用于改善教学设施、提升师资力量，而非无谓浪费；患者则关注医疗事业单位的医疗服务费收取标准是否公正合理，药品采购、医疗设备购置资金是否合规使用，能否得到优质高效的诊疗服务。媒体凭借强大的传播力与舆论引导力，成为监督的前沿阵地，一旦察觉事业单位财务存在疑点，如公益项目资金使用不明朗、财务报表披露含糊其词，便迅速聚焦报道，引发社会广泛讨论，促使事业单位直面问题。这迫切要求事业单位会计体系必须如同明镜般公开透明，打破传统财务信息之间的壁垒，及时、准确、全面地披露财务信息。一方面，事业单位应主动拓宽信息披露渠道，除官方网站财务报告专区外，还可利用政务新媒体平台，以图文并茂、视频讲解等通俗易懂的形式解读财务数据，便于公众轻松理解；另一方面，应丰富披露内容，不仅涵盖资产负债、收支结余等基本财务状况，还应增加项目资金使用效益、社会服务成效量化指标等详细信息，让公众清晰了解每一笔资金的流向与实效，以坚实的财务透明度回应社会关切，维护自身公信力与社会形象。

四、会计核算的复杂性

会计核算的复杂性在事业单位中表现得尤为突出，这些单位宛如庞大而多元的社会服务网络，业务范畴广泛且深入社会的各个关键角落，其多样性和复杂性无疑给会计核算工作带来了重重挑战，使之变得异常烦琐。

（一）事业单位业务核算的多元化与社会职能的广泛性

1. 教育领域

在教育领域，教学活动无疑是核心所在，但其复杂性远远超越了传统的课堂授课模式。随着教育改革的深入和时代的发展，课程体系已经发生了翻天覆地的变化，不再局限于传统的基础学科，而是紧跟时代步伐，引入了众多前沿且多元化的课程。例如，为了培养学生的创新能力和适应未来社会发展的需求，许多学校开始开设人工智能编程课程。这类课程要求学生不仅掌握编程技能，还要理解人工智能的基本原理和应用场景。因此，在教材采购方面，学校需要选购专业的人工智能编程教材，这些教材往往价格不菲，且更新速度较快，需要定期更换以保持教学内容的前沿性。同时，由于人工智能编程课程的实践性较强，学校还需要配备相应的计算机设备和软件，这些设备的采购、维护和更新也是一笔不小的开支。

此外，国际商务礼仪等课程也逐渐成为教育领域的热门选择。这类课程旨在培养学生的跨文化交流能力和国际视野，对于提升学生的综合素质具有重要意义。然而，国际商务礼仪课程的师资费用通常较高，因为教师需要具备丰富的国际经验和专业素养。同时，为了模拟真实的商务场景，学校还需要投入资金购买相关的教学设备和道具，如商务正装、模拟会议室等。

除了课程体系的变化外，科研项目在教育领域也扮演着举足轻重的角色。科研项目如同探索未知的深海，其成本结构和收益来源都极具复杂性和多样性。基础研究是科研项目的重要组成部分，它通常需要长期的数据监测和高端实验设备的投入。这些数据监测工作往往耗时较长，且需要精确的实验设备来确保数据的准确性和可靠性。因此，学校在购买和维护这些实验设备方面需要投入大量的资金。同时，基础研究通常不会产生直接的经济效益，其收益主要来自学术声誉的提升和科研人才的培养。

应用技术研发则是科研项目的另一个重要方向。这类项目通常涉及样机试制、专利申请等环节。样机试制需要投入大量的材料和人工成本；而专利申请则需要支付昂贵的申请费用和维护费用。然而，一旦技术研发成功并实现成果转化，其收益往往非常可观。这些收益可能来自产品销售、技术转让、技术入股等多种形式。

2. 医疗服务领域

医疗服务领域作为一个高度复杂且至关重要的行业，其日常运营和管理面临着诸多挑战。综合性医院作为医疗服务的主要提供者，涵盖了门诊、住院、急诊、手术、康复理疗等多个业务板块，每个板块都拥有其独特的收支结构和运营模式。

在门诊业务方面，医院需要精确核算挂号费、诊疗费收入以及与之对应的医生出诊成本和药品耗材成本。

（1）挂号费

挂号费是患者进入医院接受诊疗服务的第一步，其收费标准通常根据医生的职称和专业水平而定。诊疗费则是医生为患者提供医疗咨询、诊断和治疗建议所收取的费用。这些收入的核算需要确保准确无误，以反映医院门诊业务的真实收益情况。同时，医生出诊成本包括医生的工资、福利以及相关的培训和教育费用等，而药品耗材成本则涵盖了患者诊疗过程中所使用的各种药品和医疗耗材的费用。这些成本的核算对于控制医院门诊业务的支出、提高经济效益具有重要意义。

（2）住院业务

住院业务是医院运营的另一个重要板块。它涉及病房床位费、护理费收入以及各项检查、药品、手术等成本支出。病房床位费是患者住院期间所需支付的基本费用，其收费标准通常根据病房的等级、设施和服务水平而定。护理费则是护理人员为患者提供日常护理、病情观察和康复指导等服务所收取的费用。这些收入构成了医院住院业务的主要收入来源。然而，与此同时，住院业务的成本支出也相当可观。不同科室、不同病种的治疗成本存在显著差异。例如，心脏外科手术需要使用高精尖的医疗器械和专业医护团队，其成本高昂，包括手术器械的购置和维护费用、医护人员的培训和工资等。而普通内科门诊则主要侧重于药品和常规诊断成本，如常见的感冒药、抗生素以及血常规、尿常规等常规检查项目。

为了应对这些挑战，医院需要建立精细化的财务管理体系，以全面、准确地核算各个业务板块的收支情况。这包括建立完善的成本核算制度，对各项医疗服务和药品耗材进行成本分类和核算；加强预算管理，根据历史数据和市场需求制订合理的预算计划，并严格控制预算执行情况；同时，还需要加强内部控制和审计监督，确保各项收支活动的合规性和合法性。

此外，随着医疗技术的不断进步和医疗需求的日益增长，医院还需要不断探索和创新医疗服务模式，以提高医疗服务的效率和质量。例如，通过引入先进的医疗设备和信息技术手段，优化诊疗流程，提高诊疗效率和准确性；开展远程医疗和互联网医疗服务，拓宽服务渠道，扩大覆盖范围；加强医患沟通和健康教育，提高患者的健康素养和自我管理能力等。这些创新举措将有助于提升医院的综合竞争力，为患者提供更加优质、高效的医疗服务。

3. 文化传播事业单位

文化传播事业单位在履行其文化传承与传播的使命过程中，面临着复杂的财务管理挑战，尤其是在文艺演出和文物展览两大核心业务板块。

对于文艺演出而言，其收入来源主要包括门票销售和赞助收入。门票收入通常根据演出的类型、演员阵容、演出场地及市场需求等因素定价，而赞助收入则可能来源于企业、个人或政府的资助，用于支持特定演出项目或文化活动的推广。在成本核算方面，文艺演出需要精细计算演员薪酬、场地租赁费、舞美设计费、音响灯光设备租赁费、宣传推广费以及可能的版权使用费等。演员薪酬可能因演员知名度、演出难度及场次等因素而有所不同；场地租赁费则依据场地规模、地理位置及租赁时长等因素确定；舞美设计不仅关乎演出的视觉效果，其成本也涵盖了设计、制作、安装及拆除等多个环节；宣传推广费则用于扩大演出影响力，吸引更多观众。这些成本的准确核算对于评估演出项目的经济效益、优化资源配置至关重要。

文物展览作为文化传播事业单位的另一大亮点，其财务管理同样复杂。文物展览的收支模式具有独特性，其收入包括门票收入、赞助收入及可能产生的版权转让费等，而支出则涵盖了文物借展费用、安保成本、讲解人员培训费用、展览策划与设计费用、保险费用等。文物借展费用是与其他文化机构合作时产生的关键支出，涉及文物运输、保险、维护等多方面费用；安保成本是确保文物安全的重要投入，包括人力监控、技术防范及应急处理措施等；讲解人员培训费用则用于提升讲解员的专业素养和服务水平，增强观众的参观体验。此外，展览策划与设计费用关乎展览的整体呈现效果，保险费用则为文物提供了必要的风险保障。这些支出的精准核算，有助于文化传播事业单位合理控制成本，提高展览项目的财务可持续性。

鉴于文化传播事业单位业务的复杂性和独特性，其会计核算工作需遵循高度精准的原则。这要求单位建立健全的财务管理制度，采用先进的财务管理软件，实现数据的实时跟踪与分析，确保每一项收支都能得到准确记录与合理分摊。同时，还应加强内部控制，定期进行财务审计，确保财务信息的真实性和完整性，为单位的健康发展提供坚实的财务支撑。

（二）事业单位财务活动的复杂性

1. 补助形式多样

政府补助作为众多非营利组织、科研机构及部分企业的关键资金来源，其会计处理的确相当复杂，这不仅因为补助形式多样，还因为补助的使用和核算往往受到严格的政策规定和会计准则的约束。

（1）专项补助

专项补助，特别是那些用于特定项目建设的资金，如科研院所获得的国家级重点实验室建设补助，通常要求专款专用、单独核算。这意味着这些资金必须严格按照项目预算和进度进行使用，并且每一笔支出都需要清晰记录，以确保资金的合规性和有效性。在会计处理上，会计人员需要根据项目进度，按照会计准则的要求，精确确认收益。这通常涉及对项目进度的评估、成本的计量以及收益的确认等多个环节，要求会计人员不仅要具备扎实的会计专业知识，还要对项目本身有一定的了解。

（2）一般性运营补助

与专项补助不同，一般性运营补助的会计处理则更加灵活，但同样需要遵循一定的准则。这类补助通常用于支持单位的日常运营，如人员工资、办公费用等。在会计处理时，会计人员需要根据合理的分摊方法，将补助金额计入各期损益。分摊方法的选择应基于补助的性质、单位的运营情况以及会计准则的要求，确保补助的计入既符合政策规定，又能真实反映单位的财务状况。

然而，政府补助的会计处理之所以复杂，是因为补助类型和适用准则的判断往往具有高度的专业性和政策性。不同的补助类型可能受到不同的会计准则和政策规定的约束，如《企业会计准则第16号——政府补助》《行政单位财务规则》等。会计人员必须深入理解这些政策要求，准确判断补助类型和适用准则，以确保核算的准确性和合规性。

此外，政府补助的会计处理还涉及与税务机关、审计机关的沟通与协调。在处理与政府补助相关的税务问题时，会计人员需要了解税法对政府补助的税务处理规定，确保单位的税务合规。同时，在接受审计时，会计人员需要提供清晰、准确的会计记录和凭证，以证明补助的使用和核算符合政策要求和会计准则。

2. 长期资产的折旧摊销

在事业单位庞大的资产版图中，教学楼、科研大楼、医疗设备以及文化场馆设施等长期资产构成了不可或缺的核心要素，它们不仅是事业单位支撑日常运营和核心业务开展的基石，更是其履行公共服务职责、推动社会进步的重要物质载体。然而，这些长期资产因其特性各异，在折旧摊销的处理上显得尤为复杂且需精细操作。

（1）教学楼

教学楼，作为教育教学活动的主阵地，其使用寿命相对稳定且可预测，因此通常采用年限平均法进行折旧摊销，即依据建筑设计的专业使用年限，将扣除预计残值后的教学楼初始构建成本均匀分摊至各个会计期间。这种处理方式不仅符合教学楼功能稳定、损耗均衡的特点，还能在财务报告中以一种平稳、连续的方式展示资产价值的递减过程，为财务信息使用者提供清晰、直观的资产成本回收视图。

（2）科研设备

与之形成鲜明对比的是科研设备，身处科技快速迭代的背景下，其技术更新速度之快令人咋舌。为了准确反映科研设备价值的快速损耗，加速折旧法成为首选。通过前期多提、后期少提的折旧策略，科研设备的账面价值能够更迅速地逼近预计残值，从而真实、敏锐地捕捉资产因技术更新而引发的价值骤减。这种处理方式有助于避免资产账面价值虚高，不仅为管理层、投资者及社会公众提供准确、可靠的资产状况信息，还为科研经费的合理分配和科研项目的效益评估奠定坚实的财务基础。

（3）医疗设备

医疗设备同样展现出独特的折旧轨迹。对于使用频率高、易磨损但技术更新相对平缓的常规诊断设备，初期可能采用双倍余额递减法快速冲销成本，随后转为年限平均法平稳过渡，以适应资产前期快速损耗与后期稳定运行的特性。而对于高精尖、造价高昂的大型医疗影像设备，其折旧计算则需综合考虑技术革新、诊疗业务量及设备维护保养投入等因素，引入工作量法动态分摊成本，确保折旧计提与设备实际运营效益和损耗程度精准匹配。

（4）文化场馆设施

文化场馆设施，作为承载历史文化传承和民众精神滋养的场所，其折旧摊销处理需兼顾建筑实体的自然老化和日常运维成本，同时，还应考虑文化价值的潜在增值或社会审美变迁引发的功能性调整。对于历史悠久的文化场馆建筑，可采用年限平均法延续传统核算思路；而对于内部陈列设施、数字化展示设备等附属资产，则需根据各自技术特性和更新周期，灵活选用直线法、加速折旧法或结合工作量法进行全面、立体的折旧管理。这种处理方式能够真实反映文化场馆资产在文化传承与运营服务双重使命下的价值演变，为文化事业的繁荣发展提供坚实的财务支撑。

3. 捐赠收入

捐赠收入的确认在财务管理中确实是一项复杂且细致的任务，这主要源于捐赠形式的多样性和捐赠过程的复杂性。捐赠不仅限于传统的货币资金捐赠，还包括物资捐赠、知识产权捐赠等新兴形式，这些不同形式的捐赠在入账时间和价值计量上都有其独特的要求和考量。

（1）货币资金捐赠

当事业单位收到货币资金捐赠时，如果捐赠协议中未对资金的使用设定特定的限制或条件，会计人员通常可以即时将这笔款项计入捐赠收入。这是因为货币资金具有高度的流动性和即时可用性，其价值的确定也相对明确，无须进行复杂的评估或换算。

1）附带使用限制的捐赠款项确认

在实际情况中，许多货币资金捐赠都附带一定的使用限制。这些限制可能包括指定捐赠款项用于特定项目、活动或群体，或者对捐赠款项的使用时间、方式等做出具体规定。对于这类捐赠款项，会计人员不能简单地即时计入捐赠收入。

特定条件的满足：会计人员需要密切关注捐赠协议中设定的条件，确保这些条件得到满足后再进行捐赠收入的确认。例如，如果捐赠款项指定用于某个特定项目，那么该项目必须已经启动或正在进行中，且捐赠款项确实用于该项目时，才能确认捐赠收入。

项目执行的跟踪：对于附带使用限制的捐赠款项，会计人员还需要跟踪项目的执行情况。这包括了解项目的进度、资金的使用情况以及是否按照捐赠协议的约定进行。如果项目执行过程中出现问题或捐赠款项未按照约定使用，会计人员则需要调整捐赠收入的确认。

定期报告与审计：为了确保捐赠款项的合规使用和捐赠收入的准确确认，事业单位需要定期向捐赠者或相关监管机构提交报告，并接受审计。这些报告和审计结果将作为调整捐赠收入确认的重要依据。

2）捐赠收入的会计处理

在确认捐赠收入后，会计人员还需要按照会计准则的要求进行会计处理。这通常包括：

借贷记账：

在事业单位严谨且精密的财务管理体系里，借贷记账环节对于捐赠收入的妥善处理起着承上启下的关键作用，它如同一条无形的纽带，将实际资金流入与财务账目精准对应，确保财务信息的连贯性与准确性。

当会计人员着手在会计账簿中记录捐赠收入的借贷详情时，首先面临的便是科目的精准选择。依据现行会计准则以及事业单位财务核算的规范要求，捐赠收入通常会被纳入特定的几个科目范畴内。其中，"营业外收入"科目是较为常见的归属之一，该科目旨在收纳与事业单位日常核心业务运营并无直接关联，但却实实在在为单位带来经济利益流入的各类事项所产生的收入，捐赠收入恰好契合这一特征。例如，当一家文化事业单位收到社会爱心人士基于弘扬传统文化这一公益目的而捐赠的一笔资金，由于这笔资金并非源于其日常举办文化展览、文艺演出等主营业务所产生的直接收益，会计人员便可依规将其记入"营业外收入"科目。

与此同时，部分事业单位还专门设立了"捐赠收入"这一独立科目，以便更为细致、精准地对各类捐赠资金进行分类核算与管理。特别是对于那些接收捐赠频次较高、捐赠形式多样且规模较大的事业单位而言，"捐赠收入"科目的设立有助于精准掌控每一笔捐赠的来源、用途及变动轨迹。以一家大型综合性医院为例，其日常不仅会收到来自慈善组织为购置医疗设备的专项资金捐赠，还会有患者家属出于感恩回馈而捐赠的物资折价款等各类形式的捐赠，此时启用"捐赠收入"科目，便能将不同类型、不同用途的捐赠款项逐一清晰记录，为后续资金监管、项目追踪提供便利。

无论最终选用哪一种具体科目进行记账，有一个核心财务影响不容忽视，那就是捐赠收入的入账必然伴随着事业单位净资产的增加。从会计等式"资产 = 负债 + 所有者权益（净资产）"的角度深入剖析，捐赠收入作为一项外部资金流入，在没有对应负债产生的情况下，直接充实了单位的净资产部分。这意味着单位的经济实力在财务层面得到了实质性增强，为其后续拓展业务、提升公共服务质量、优化设施设备等诸多方面提供了更为雄厚的资金根基。例如，某教育事业单位收到一笔指定用于校园信息化建设的大额捐赠资金，当会计人员将其准确记入相应科目后，单位的净资产在账面上即刻得到相应增加，这笔新增净资产便可在后续规划中专项用于采购先进的教学软件、智能教学设备等信息化建设项目，切实推动教育事业向前迈进。

在实际操作过程中，会计人员务必严格遵循"有借必有贷，借贷必相等"的记账原则。以货币资金捐赠为例，在收到捐赠款项时，若记入"营业外收入"科目，会计分录则为借记"银行存款"（反映资金实际流入，资产增加），贷记"营业外收入－捐赠收入"（确认收入增加，净资产同步增加）；若采用"捐赠收入"科目记账，分录相应调整为借记"银行存款"，贷记"捐赠收入"，同样达成资产与净资产的同步变动匹配，确保财务账簿在每一笔捐赠收入记录上都做到逻辑严密、数据精准，为事业单位的健康发展保驾护航。

附注披露：

当会计人员着手编制财务报表附注时，对捐赠收入的披露工作需力求详尽且精确。捐赠者的身份是披露的核心要素之一，无论是知名大企业、有影响力的慈善基金会，还是默默奉献的匿名个人，他们的名字都应在附注中得到体现。这既是对捐赠者善举的尊重，也是对他们为社会做出贡献的认可。同时，不同的捐赠者往往代表着不同的捐赠动机和期望，外部利益相关者可以通过捐赠者名单，洞察事业单位所获得支持的广泛性和深度。例如，当一家科研机构获得国际药企的捐赠时，外界可以推测该机构在医药研发领域的前沿探索得到了业界的认可，从而对其科研实力和发展前景有更全面的了解。

捐赠金额的精确披露同样至关重要。这一数字不仅是衡量事业单位外部资金注入规模的重要指标，也是评估其社会影响力和资金充裕程度的重要依据。无论是小额捐赠的积累，还是大额捐赠的注入，每一笔金额都应如实、准确地反映在附注中。这既展示了事业单位在汇聚社会公益资源方面的能力，也为外部利益相关者提供了评估其财务状况的直观依据。例如，当一家文化遗产保护机构在年度报表中披露了来自多方的高额捐赠时，这无疑向外界传递了其文化传承任务得到了有力资金支持的信号，从而吸引更多潜在捐赠者的关注和支持。

捐赠时间的记录则如同为每一笔捐赠打上了历史的烙印。它展示了事业单位接受捐赠的时间脉络，揭示了捐赠流入的节奏和趋势。从慈善旺季的捐赠高峰，到突发事件引发的捐赠热潮，时间维度的披露让外界能够捕捉到事业单位受社会关注程度的变化。例如，在自然灾害后的恢复阶段，一家救援机构在附注中密集记录的捐赠时间，直观展示了社会力量在危难时刻的快速响应和全力支持，凸显了其公益应急的效能。

而捐赠款项的使用情况则是附注披露中的重中之重。这是外部利益相关者最为关注的问题，因为它直接关系到捐赠资金是否被合理、高效地运用，以及是否实现了捐赠者的初衷。会计人员需要以项目化、明细化的方式详细阐述资金的流向。对于指定用途的捐赠，如环保机构收到的湿地保护研究资金，附注中应详细列出科研设备采购、实地调研、专家咨询等各项具体支出，确保其用途与捐赠协议严格匹配；对于未限定用途的捐赠，也应说明其如何融入单位整体运营，助力业务拓展、人员培训等关键环节。通过这种全面、细致的披露方式，外部利益相关者可以更加放心地支持事业单位，同时提升事业单位的社会公信力和影响力，为公益事业的持续繁荣发展奠定坚实基础。

3）税务处理与合规性考虑

在确认货币资金捐赠收入时，事业单位还需要考虑税务处理和合规性问题。根据税法规定，符合条件的捐赠收入可以享受税前扣除的优惠。因此，会计人员需要了解相关税法规定，并确保捐赠收入的确认符合税法要求。同时，事业单位还需要遵守相关法规和准则，确保捐赠收入的合规性。

（2）物资捐赠

物资捐赠的确认是一个相对复杂且细致的过程，它涉及多个环节和多个方面的考量。

1）公允价值评估

公允价值评估是物资捐赠确认的首要步骤，也是最为关键的一步。公允价值是指在公平交易中，熟悉情况的交易双方自愿进行资产交换或者债务清偿的金额。对于捐赠物资而言，其公允价值的确定通常涉及以下步骤：

a.市场调研

市场价格，作为首要考察点，其动态变化犹如错综复杂的迷宫，受多种因素交织影响。以办公电脑为例，品牌差异、配置高低、性能强弱，这些细微的差别都能在价格上引发显著的波动。高端机型，配备顶级处理器、大容量内存及高性能显卡，专为专业设计、科研运算等领域打造，价格自然不菲；而针对基础办公需求的入门款，则以亲民的价格满足日常文档处理与简单数据运算。会计人员需细致分辨这些差异，精准锁定与所需物资相匹配的价格区间，无论是紧盯新品首发价格，还是留意促销季的折扣优惠，都需严谨对待，因为这将直接影响到物资入账价值的准确性。

供求关系，则如一只无形的手，悄然操控着市场价格的起伏。在热门新兴领域，如高端医疗检测设备，随着健康意识的提升与医疗技术的飞跃，需求呈现井喷式增长。然而，受限于复杂的制造工艺、严格的行业监管以及少数核心技术厂商的垄断，供应捉襟见肘，供不应求的局面推高了价格，并延长了采购周期。相比之下，在传统办公用品领域，如普通打印纸张，则因生产厂家众多，市场供应充足，而需求相对稳定，导致价格竞争异常激烈，时常需要通过低价促销争夺市场份额。会计人员通过洞悉供求态势，不仅能预测物资价格走势，辅助当前价值评估，还能为单位未来的物资储备策略提供前瞻性的指导。

交易情况同样蕴藏着丰富的决策信息。线上电商平台的数据，如同消费者行为的镜像，直观展现了购买偏好、地域差异及价格敏感度。以某款智能教学设备为例，其电商平台交易记录显示，沿海发达地区学校采购量大，且更偏爱具备前沿互动功能、高分辨率显示屏的高端型号，支付价格较高；而中西部地区部分学校受预算限制，则更倾向于性价比高的基础款，交易价格相对较低。线下实体市场，如电脑城、医疗器械城等，则保持着浓厚的行业交流氛围，会计人员能在此获取产品口碑、售后服务质量、新品迭代等一手信息，这些隐性知识对于全面评估物资价值至关重要。

为了精准搜集这些关键信息，会计人员手握多样化的"情报工具"。网络查询以其便捷高效著称，各大电商平台汇聚了海量商品信息，通过搜索筛选功能，可迅速锁定目标物资，查看不同卖家的报价、用户评价，了解产品的优缺点与价格区间；专业行业报告则如同深度导航，由权威研究机构、行业协会精心打造，基于宏观市场数据、政策法规解读、技术发展趋势分析，为会计人员呈现特定行业的物资全景，助其站在行业高度把握物资价值走向；市场调研机构则如同专业侦探，接受委托后深入挖掘定制化信息，凭借专业的调查方法、广泛的人脉资源及深度的数据分析能力，提供诸如细分市场份额、潜在供应商竞争力评估等独家情报，帮助会计人员在复杂多变的市场环境中找到方向，确保每一次物资价值核算都基于充分且准确的市场信息，为事业单位的财务决策奠定坚实基础，推动其在资源优化配置的道路上稳健前行。

b. 同类物资价格比对

同类物资价格比对是会计工作中一个至关重要的环节，特别是在处理捐赠物资时。这一过程不仅是对数字的简单对比，而是需要综合考虑多个因素，以确保价格比对的准确性和合理性。

一是明确比对基准。在进行价格比对之前，会计人员首先需要明确比对的基准。这包括确定市场上同类物资的具体范围，即哪些物资是与捐赠物资在品质、功能、用途等方面最为接近的。同时，还需要明确比对的时间点，因为市场价格会随着时间波动，所以应选取与捐赠发生时间相近的市场价格作为比对基准。

二是考虑物资品质。物资的品质是影响其价格的关键因素之一。在进行价格比对时，会计人员需要详细了解捐赠物资的品质情况，包括材质、制造工艺、耐用性等。同时，还要对比市场上同类物资的品质，确保在相同或相近品质的基础上进行价格比对。

以电子设备领域为例，特别是针对捐赠的笔记本电脑，若该电脑出自国际知名的高端系列，其制造工艺达到顶级水平，耐用性卓越，且内部电子元件遵循军工级标准，散热性能尤为出色，那么在与市场同类产品进行价格比对时，即便其外观配置看似与某些消费级品牌电脑相近，其价格定位也应当高于后者。原因在于，这些高品质特性不仅代表了更可靠的性能保障和更长的使用寿命，往往还伴随着优质的售后服务。这些隐性价值，如更高的可靠性、耐用性和服务保障，都是在进行价格评估时不可或缺的因素，应当被充分纳入考量范畴。因此，对于这样一款高品质的捐赠笔记本电脑，其市场价值自然应当高于普通的消费级品牌电脑。

三是规格与型号匹配。规格和型号是区分不同物资的重要特征。会计人员在进行价格比对时，需要确保捐赠物资与市场上同类物资的规格和型号相匹配。如果规格或型号存在差异，那么即使物资在功能上相似，其价格也可能存在显著差异。在医疗设备领域，特别是超声诊断仪这一类别中，不同型号的功能差异极为显著。高规格的旗舰型号，往往配备了超高分辨率的探头，能够精准捕捉到微小病灶的影像，同时还融入了先进的三维成像技术和智能辅助诊断功能，这些特性共同提升了诊断的效率和准确性。相比之下，基础型号则仅能满足日常的二维超声检查需求。在进行价格比对时，会计人员必须深刻认识到这些功能上的差异对价格产生的深远影响。即便是外观尺寸相似、品牌一致的设备，型号后缀的微小变动也可能意味着数十万元乃至上百万元的价格鸿沟。因此，会计人员需要依据这些悬殊的功能差距，精确校准市场参考价格，从而准确评估捐赠设备的价值段位。这不仅要求会计人员具备深厚的专业知识，还需要他们具备敏锐的市场洞察力，以确保价格比对的准确性和合理性。

四是新旧程度评估。新旧程度是影响物资价格的另一个重要因素。对于捐赠物资，会计人员需要评估其新旧程度，包括使用痕迹、磨损情况、是否经过维修等。同时，还要对比市场上同类物资的新旧程度，以确保在相同或相近新旧程度的基础上进行价格比对。在办公家具领域，一张全新且保持原包装的实木办公桌，与市场上同款但已历经数年使用、表面留有轻微划痕及磨损的二手办公桌相比，两者在价格上存在着显著的差异。会计人员需凭借专业的判断力，结合家具的折旧标准以及市场上二手交易的行情，来全面评估捐赠的旧家具所剩余的价值。一般而言，二手物资的价格会根据其使用年限以及磨损状况，按照某个比例进行折扣计算。例如，一件八成新的设备，其价格可能会按照新品价格的 80% 来估算；而一件五成新的设备，其价值可能仅相当于原价的一半。这种计价方式旨在确保捐赠的旧家具与市场上同类二手物资的价格比对具有合理性。因此，会计人员在进行价格评估时，不仅要考虑家具的实际状况，还要深入了解市场的二手交易规律，以确保评估结果的准确性和公正性。

c. 专业评估机构协助

在事业单位财务管理的广阔天地里，面对诸如艺术品、古董以及专业设备等特殊且复杂的物资时，会计人员所承担的公允价值评估任务无疑是一项艰巨的挑战。这些物资因其独有的特质、深厚的文化底蕴或尖端的技术含量，远远超越了常规价格评估的范畴，此时，专业评估机构的介入便如同一道桥梁，连接起会计人员的专业知识与物资的真实价值。

以艺术品评估为例，一幅名家之作的绘画，其价值绝非颜料与画布的简单相加。它可能承载着某个时代的艺术风潮，蕴含着深厚的历史文化意义。画家的艺术地位、作品的稀缺程度以及过往的拍卖记录，都在无形中塑造着这幅画的价值。会计人员虽然精通财务，但在面对如此复杂且抽象的艺术价值时，往往难以准确把握。而专业评估机构则如同艺术领域的专家，他们的团队汇聚了艺术史学者、美术评论家以及资深拍卖师等各路精英。这些专家通过深入研究作品的技法、色彩、主题等艺术元素，同时结合全球艺术市场的大数据、当前收藏趋势以及同类作品的拍卖价格，能够精准地评估出艺术品的公允价值。例如，当一幅当代著名画家的油画作品需要评估时，专业机构会综合考虑画家在各大展览的曝光度、作品的受欢迎程度以及同级别画家的市场行情，给出一个既符合艺术市场规律又经得起时间考验的评估结果，为会计人员提供坚实的入账依据。

古董评估则更是一门深奥的学问，其年代考证、真伪鉴别都需要极高的专业素养。一件看似普通的陶瓷花瓶，可能因其烧制于某个繁荣王朝、采用了独特的官窑工艺而身价倍增。专业评估机构的文物鉴定专家，凭借考古学、材料学、历史学等多学科的知识，通过对器物的胎质、釉色、纹饰等细微特征的甄别，结合先进的科技检测手段，如碳十四测年法、热释光测年法等，来确定其年代的真实性。再依据历代古董的交易资料、博物馆同类文物的价值参考以及国际古董市场的波动情况，综合评定其公允价值。他们严谨的鉴定流程与科学的评估方法，让古董的真实价值得以清晰展现，帮助会计人员跨越专业壁垒，准确处理这类珍稀物资的财务核算。

在专业设备领域，如高端科研仪器、航空航天器材等，同样离不开专业评估机构的支持。以一台用于量子物理研究的超高精密度光谱分析仪为例，其内部构造涉及光学、电子学、材料学等多学科的交叉技术，功能复杂且技术参数精密。专业评估机构不仅拥有熟悉各类高端设备技术原理的工程师团队，还能实时跟踪全球相关领域的科研进展，了解设备在推动科研创新中的关键作用。他们通过评估设备的技术先进性、剩余使用寿命、市场替代成本以及对科研项目的潜在贡献等因素，给出客观准确的公允价值评估。例如，当某科研事业单位收到一台国外捐赠的新型实验设备时，专业评估机构在评估时，除了考虑该设备的购置成本、折旧情况外，还会结合当前国际科研竞争态势，分析该设备对单位科研项目抢占前沿阵地的重要性，从而确定一个合理的价值。这不仅有助于会计人员完成精准的财务入账，还保障了事业单位科研资金的合理使用以及财务信息的准确反映。

2）捐赠收入的确认

在事业单位财务管理的精密布局中，完成一项专业且严谨的公允价值评估仅是精准核算捐赠收入的序曲。当这一基础性工作圆满结束后，会计人员随即步入了捐赠收入确认的关键环节，这一过程要求他们谨慎行事，确保每一步都准确无误。

公允价值评估的完成，为会计人员提供了捐赠物资价值的精确标尺。他们需依据这一数值，将其精准地纳入捐赠收入的账目体系。但这一过程远非简单的数字堆砌，而是对诸多细节的严格审视与把控。捐赠协议，作为捐赠活动的"导航图"，承载着至关重要的信息。它不仅详细列举了捐赠物资的种类——无论是高科技的专业设备、蕴含深厚文化底蕴的艺术品，还是贴近民生的各类物资，均一一在列；而且捐赠数量也被精确记录，不容丝毫误差，这不仅关乎物资总价值的核算，更与后续的资源调配、项目执行紧密相连。

在价值认定方面，尽管前期已通过专业评估机构得出了公允价值，但捐赠协议中的原始约定同样具有不可忽视的重要性。会计人员需将二者相互比对、验证，确保价值认定的准确无误与权威性。更为关键的是，捐赠者的意愿如同贯穿整个捐赠流程的"精神内核"，指引着捐赠物资的用途、受益群体及使用期限等核心要素。

在这一阶段，会计人员必须以考古学者般的细致入微去核对捐赠协议。从合规性的角度出发，他们需严格审查每一项条款是否与现行的财务法规、会计准则相吻合，确保财务操作在法律框架内稳健前行。例如，面对跨境物资捐赠，会计人员需熟悉国际税收协定、海关监管法规等，以避免因法律漏洞而引发财务风险。同时，他们还需聚焦捐赠者意愿的精准落实，这是对捐赠者爱心的尊重与守护。若捐赠者明确指定某批医疗设备用于偏远地区的医疗救助项目，会计人员则需与业务部门紧密协作，制定详尽的物资分配计划、运输方案及使用监管流程，确保设备能够精准送达、有效利用，并在财务记录上清晰展现每一个环节，让捐赠收入的确认紧密围绕捐赠者的初衷有序推进。

面对复杂多变的现实情境，会计人员还需展现出灵活应变的智慧。有时，捐赠协议可能会因客观因素而需要修订或补允，如不可抗力导致的捐赠物资交付延迟、捐赠项目实施范围调整等。在这种情况下，会计人员需及时介入，联合各方重新评估协议变更对捐赠收入确认的影响，并依据新情况调整财务入账策略。他们需确保捐赠收入的确认既能坚守原则底线，又能顺应实际变化，始终保持高度的准确性与合理性。

3）物资的接收、验收、存储与后续处理

除了公允价值评估和捐赠收入的确认外，物资捐赠的确认还需要考虑物资的接收、验收、存储以及后续使用或处置等环节。这些环节对于确保捐赠物资在财务上得到妥善处理至关重要。

a. 物资的接收与验收

物资的接收与验收是捐赠流程中至关重要的环节，直接关系到捐赠物资能否被正确、有效地计入捐赠收入，并进而影响事业单位的资源分配和公益目标的实现。在接收到捐赠物资后，会计人员需要紧密协同相关部门，如物流、仓储、采购等部门，共同开展验收工作。

验收工作的首要任务是核对物资的数量。会计人员需根据捐赠协议中列明的物资种类和数量，逐一清点接收到的物资，确保数量上的准确无误。这一步骤不仅关乎捐赠收入的准确确认，也是后续资源分配和项目执行的基础。捐赠协议在此阶段扮演着至关重要的"校验标尺"的角色，会计人员需以其为基准，秉持严谨的态度，对各类捐赠物资进行逐一清点。无论是按箱计数的医疗防护物资、以套为单位的办公设备，还是逐件登记的文化艺术珍品，任何微小的数量出入都逃不过他们的敏锐洞察。一旦发现实际接收的物资数量与捐赠协议中的记录存在偏差，即便是细微到仅有一件之差，会计人员也会立即启动详尽的追溯程序。他们会迅速与捐赠方取得联系，进行细致的沟通核实，力求探明数量不符的原因。可能是运输过程中的自然损耗、发货时的疏漏，或是其他不为人知的环节出了问题。会计人员的目标只有一个：确保捐赠物资的数量与协议记载完全一致，做到账实相符，分毫不差。

其次，品质检查同样不可或缺。会计人员需协同专业人员，如质量检测员或技术专家，对捐赠物资的品质进行细致检查。这包括评估物资的完好程度、使用寿命、性能表现等方面，以确保物资能够满足预期的使用需求。对于存在品质问题的物资，会计人员需及时与捐赠者沟通，协商解决方案，以避免后续使用中的隐患。对于食品与药品类的捐赠物资，其保质期、成分含量、生产批次等核心品质要素必须严格遵循国家标准及行业规定。为此，会计人员需携手专业的质量检测团队，借助先进的检测仪器与科学方法，对药品的有效成分实施严格的抽样分析，同时细致检查食品是否存在变质或受污染的风险，坚决将任何存在质量隐患的物资拒之门外。在高科技设备的捐赠中，如电子显微镜、精密实验仪器等，品质检验的焦点则聚焦于性能参数与稳定性测试上。技术人员会精心模拟实际的工作场景，对这些设备进行多轮次的开机运行与精度校准，全面检验其成像的清晰度、数据测量的准确性等关键性能指标。这一系列严格的测试旨在确保捐赠的设备能够达到预期的技术标准，从而真正地为单位的业务工作提供有力支持，不负捐赠者的深切期望与慷慨捐赠。

规格确认也是验收工作的重要组成部分。会计人员需核对捐赠物资的规格参数，如尺寸、质量、型号等，以确保其与捐赠协议中的描述相符。这一步骤有助于确保物资能够适配既定的使用场景，提高资源利用效率。以建筑材料捐赠为例，当捐赠协议明确指定了特定型号及抗压强度标准的水泥时，验收工作就显得尤为关键。会计人员需携手工程技术人员，细致比对产品说明书与质量检测报告，逐一核查水泥的标号、颗粒细度、化学成分等关键规格参数，确保它们与协议中的要求精确无误地匹配。因为哪怕是最微小的规格偏差，都可能对建筑结构的稳定性与耐久性造成潜在威胁，进而引发工程质量问题，导致不必要的返工与资源浪费。因此，这一环节的严谨性不仅关乎捐赠物资的有效利用，更直接关系到受助项目的长期效益与安全。

同样，对于服装类捐赠物资，规格细节的精确性同样至关重要。无论是尺码范围、面料成分，还是制作工艺，都必须与捐赠协议中的要求相一致。尺码偏差会导致服装不合身，面料成分的差异会影响穿着的舒适度与耐用性，而制作工艺的优劣则直接关系到服装的整体品质与外观。特别是当捐赠的服装旨在满足特定受助群体的实际需求时，如儿童、老年人或特殊职业人群，这些规格细节的精准匹配就显得尤为重要。唯有如此，才能确保捐赠的服装真正符合受助者的穿着需求，发挥其应有的保暖、防护或美观作用，让每一份爱心捐赠都能精准送达，温暖人心。

最后，验收工作还需关注物资的完好性。在物资的运输过程中，碰撞、挤压、受潮等不利因素都可能给它们带来"伤害"。面对易碎品，如精致的玻璃器皿、细腻的精密陶瓷摆件，验收人员需以极其细致的态度，逐件审视其外观，确保没有任何裂纹或破损的迹象。而对于电子设备，验收过程则更为复杂，不仅要通电开机，还需仔细检查屏幕是否存在坏点，内部电路是否运行顺畅，以确保其功能的完整性。只有当所有这些验收环节均严格达标，确保捐赠物资在数量、品质、规格以及完整性上均与捐赠协议中的要求完美契合，这批物资才算获得了被计入捐赠收入的"通行证"。随后，它们将正式进入规范的财务核算流程，每一笔捐赠都将被精准记录，转化为推动事业单位公益事业发展的强大力量。这样的流程设计，旨在确保每一份捐赠都能在坚实的质量保障下，真正转化为服务社会的实际行动，传递出源源不断的温暖与希望。

b.物资的存储与管理

首先，制定物资的分类、编码与存储位置规则是基础。根据物资的性质、用途、紧急程度等因素，进行合理分类，并为每类物资分配唯一的编码，这有助于实现物资的快速识别与追踪。同时，明确每种物资的存储位置，确保物资在仓库中的有序摆放，便于后续的入库、出库及盘点操作。

其次，建立完善的入库、出库、盘点等流程至关重要。入库时，需对物资进行严格的数量核对与质量检查，确保物资与捐赠协议中的要求一致。出库时，则需根据实际需求，按照先进先出的原则，有序发放物资，避免浪费与积压。此外，定期进行物资盘点，及时发现并解决物资数量与记录不符的问题，确保物资账实相符。

再次，加强物资的保管和防护工作不容忽视。针对不同性质的物资，采取相应的保管措施，如防潮、防尘、防虫、防火等，确保物资在存储过程中不受损害。对于易变质、易过期的物资，还需特别关注其保质期，合理安排使用计划，避免浪费。

最后，事业单位还需建立完善的物资管理制度，明确各部门、各岗位的职责与权限，确保物资管理工作的有序进行。同时，加强对物资管理人员的培训与考核，提升其专业素养与管理能力，为物资的高效利用提供有力保障。

c.物资的后续使用或处置

事业单位在处理捐赠物资的后续使用或处置问题时，必须紧密结合捐赠协议的具体内容以及自身的实际需求来做出决策。

当捐赠物资与事业单位的使用需求高度契合时，这些物资应被优先考虑直接用于相关的项目或活动中。例如，如果捐赠的是教学设备，且正好满足了学校提升教学质量的需要，那么这些设备就应被迅速投入使用，以发挥其最大的教育效益。这样的处理方式不仅体现了对捐赠者意愿的尊重，也确保了捐赠物资能够迅速转化为实际的生产力或社会效益。

然而，如果捐赠物资与事业单位的使用需求不匹配，或者由于技术更新、市场变化等原因已经过时，那么事业单位就需要考虑对这些物资进行处置。处置的方式多种多样，包括但不限于出售、捐赠给其他有需求的机构，或者进行报废处理等。在选择具体的处置方式时，事业单位需要综合考虑物资的性质、价值、市场需求以及法律法规的约束等因素。在处置捐赠物资的过程中，事业单位必须严格遵守相关的法律法规和会计准则的要求，确保处置过程的公开、透明，避免任何形式的利益输送或腐败行为；同时，还需要准确记录处置物资的收入、支出以及相关的会计处理，以确保财务信息的真实性和完整性。

此外，事业单位在处置捐赠物资时，还应积极寻求与社会各界的合作与沟通。例如，可以通过与慈善组织、公益机构等建立合作关系，将不再需要的物资捐赠给更需要它们的人群或机构，从而实现物资的再利用和价值的最大化。这样的做法不仅有助于提升事业单位的社会形象，也能够进一步推动公益事业的发展。

（3）知识产权捐赠

知识产权，这一无形却蕴含巨大价值的资产，是人类智慧的结晶，但其价值的界定却如同置身于迷雾之中，难以捉摸与量化。

与有形资产相比，知识产权的价值犹如一位善变的舞者，受到多种因素的制约与影响。时间，便是其中最为关键的一环。以专利技术为例，在其诞生之初，或许因其新颖性而独占鳌头，市场上尚无同类竞品，此时它如同一块未被雕琢的璞玉，潜藏着极高的商业价值，有望引领产业发展的新篇章，吸引众多企业竞相追逐。然而，随着时光的流逝，技术迭代如潮水般汹涌，若研发未能持续跟进，昔日的"宠儿"则会迅速沦为过时之物，被新技术无情地取代，价值大打折扣。

市场环境更是影响知识产权价值波动的"幕后黑手"。当所属行业蓬勃发展，市场需求如井喷般涌现，如当前炙手可热的人工智能领域，相关的算法专利、软件著作权等知识产权便如同被置于聚光灯下，身价倍增。企业为在激烈的市场竞争中抢占先机，不惜重金抢购优质知识产权，从而推动其价值一路飙升。反之，若行业陷入低谷，市场萎缩，即便再精妙绝伦的知识产权，也可能陷入有价无市的尴尬境地，其价值则会被严重低估。

知识产权的有效期更是如同悬在头顶的利剑，时刻威胁着其价值。在法定保护期限内，专利如同身披铠甲的勇士，凭借法律赋予的排他性权利，在市场上所向披靡，享受着技术垄断带来的丰厚回报。然而，一旦临近有效期，竞争对手便如狼似虎般蠢蠢欲动，随时准备在专利失效的瞬间涌入市场，瓜分市场份额。此时，知识产权的价值便如同沙漏中的细沙般迅速流失。

面对如此复杂多变的价值难题，会计人员仅凭经验或常规手段显然无法解开这团迷雾。专业评估机构的介入成为破解这一难题的关键所在。它们如同经验丰富的探险家，凭借深厚的行业知识、庞大的数据储备以及科学精准的评估模型，对知识产权进行全面的"勘探"。从技术的创新性入手，深入剖析其在行业技术体系中的独特地位；到市场应用前景的预测，模拟不同市场环境下的收益潜力；再到法律风险的排查，确保产权归属清晰、无潜在纠纷。依据这些专业且权威的评估结果，会计人员才得以把握知识产权价值的脉搏。

然而，这仅仅是故事的开端。捐赠协议中的条款更是不可忽视的重要环节。捐赠协议如同一份详尽的说明书，详细阐述了知识产权的使用权限、收益分配规则以及是否附带后续技术支持等关键信息。若协议规定事业单位在捐赠后拥有独家使用权，且捐赠方承诺在有效期内提供免费技术升级服务，这无疑为知识产权的价值增添了新的砝码。会计人员需将这些潜在的价值增值因素纳入入账价值的考量之中。反之，若使用权受限，仅能在特定项目或特定地域使用，其价值自然也应进行相应的调整。

不仅如此，知识产权进入事业单位后，其后续的使用、许可、转让等环节同样备受关注。这些环节可能孕育着新的经济流入，是确保捐赠收入精准计量的关键所在。当事业单位凭借某软件著作权优化内部业务、提升运营效率时，这实际上相当于创造了隐性的经济流入，需进行合理估值入账。若将部分闲置的知识产权对外许可，则需根据许可合同约定的费用、期限等条款，按时将许可收入纳入财务核算范畴。或是在合适的时机转让知识产权，以转让成交价为准精确调整捐赠收入账目。如此一来，整个知识产权捐赠的财务轨迹便得以清晰呈现，确保每一份来自智慧海洋的馈赠都能在事业单位的财务港湾中找到精准的落脚点。这不仅为公益事业持续注入了创新动力，更推动了事业单位在知识经济时代破浪前行。

第二节　会计制度与法规环境

　　事业单位会计制度是规范事业单位会计核算、加强会计管理的重要制度保障。它通常基于国家的会计法律法规，如《中华人民共和国会计法》，并结合事业单位的特点和实际需要进行制定。这一制度框架旨在确保事业单位会计信息的真实性、准确性和完整性，为内部管理、上级主管部门监管以及其他利益相关者提供可靠的财务信息。

一、主要会计制度

（一）《事业单位会计制度》

　　《事业单位会计制度》犹如一座明亮的灯塔，在复杂多变的财务领域中为事业单位指引方向。它是财政部基于对事业单位财务管理需求的深刻理解和把握，严格遵循《中华人民共和国会计法》的法律根基、《事业单位会计准则》的原则框架以及《事业单位财务规则》的运营规范，精心制定而成的制度规范。

1. 会计科目设置

　　《事业单位会计制度》在会计科目设计上的专业性与科学性令人印象深刻，其细致入微的程度更是让人赞叹。该制度深刻洞察到事业单位业务的多样性和复杂性，充分考虑到不同领域如教育、科研、文化、医疗、卫生、社会服务等的独特性；因此，针对不同性质的收支、资产、负债等经济活动，特别设计了相应的会计科目，力求全面、准确地反映事业单位的财务状况。

　　在收入科目的规划上，该制度展现出了广泛的覆盖面和细致的划分。除了财政补助收入、事业收入、经营收入等常规大类外，还对各类收入进行了进一步的细分。以财政补助收入为例，它不仅按照资金来源，如中央财政、地方财政，以及转移支付的类型，如一般性转移支付、专项转移支付等进行了详细划分，还根据资金的具体用途和流向进行了追踪，为资金的后续使用提供了清晰的路径。在事业收入方面，更是根据教育、科研、文化、医疗等不同行业的特性，进行了二级乃至三级明细的划分。以教育行业为例，二级明细按照学历教育和非学历教育进行了区分，而在三级明细中，学历教育部分进一步按照不同专业、不同年级等维度进行了细化，经营收入也根据业务类型，如技术服务收入、场地租赁收入等进行了详细分类。这样的划分，使每一笔收入的来源和性质都能在会计账目上得到清晰的体现，为管理者提供了详实的数据支持，有助于他们更准确地了解单位的收入构成和变化趋势，从而制定出更加合理的发展策略。

在支出科目的设计上，该制度同样表现出了精细严谨的特点。以教育事业单位的教学支出为例，其下详细列出了人员经费支出、公用经费支出以及专项项目支出等多个子科目。在人员经费支出方面，不仅涵盖了教职工的基本工资、岗位工资、薪级工资等工资性支出，还根据不同奖励事由，如教学成果奖、科研优秀奖等分别记录了奖金支出，福利支出更是包括了节日福利、住房补贴、交通补贴等多个具体项目，全面反映了与人员相关的经费开支情况。在公用经费支出方面，该制度将水电费、办公用品采购费、教学设备维护费等日常消耗费用进行了详细划分，并具体到不同场所和不同品类进行登记，确保了每一项支出的准确性和可追溯性。在专项项目支出方面，该制度更是聚焦于特定的教学相关项目，如特定课程建设经费、教育科研项目经费等，根据不同阶段和不同用途进行了细致列支，使每一笔资金的流向都能在会计账簿中得到清晰记录。这样的支出科目设置，不仅有助于内部审计和外部监管部门的核查，也加强了对事业单位资金使用的监督管理，确保了资金能够合理、高效地应用于各项事业发展之中。

2. 会计处理方法

《事业单位会计制度》在会计处理方法上的严谨性和规范性是其核心特点之一，特别是在资产核算环节，该制度展现出了高度的专业性和细致性。

（1）资产核算的详细规定

1）初始计量

a. 外购固定资产

一是购买价款的确定。

制度明确规定，外购固定资产的入账价值应依据实际支付的购买价款确定。购买价款通常包括固定资产的购买成本，以及与之直接相关的税费、运输费、装卸费、安装费和专业人员服务费等。这些费用都是固定资产达到预定可使用状态前所产生的必要支出，因此应计入固定资产的成本。

二是相关税费的处理。

在购买固定资产时，可能会产生一些与购买行为直接相关的税费，如增值税、关税、消费税等。这些税费也应计入固定资产的成本，因为它们构成了固定资产购买成本的一部分。

三是运输费和安装费的处理。

运输费和安装费是固定资产达到预定可使用状态前所发生的必要支出，因此也应计入固定资产的成本。这些费用通常包括将固定资产从购买地点运送到使用地点的运输费用，以及将固定资产安装到预定可使用状态所需的安装费用。

四是专业人员服务费的处理。

在购买固定资产时，可能需要聘请专业人员提供相关的服务，如设备调试、技术指导等。这些服务费用也应计入固定资产的成本，因为它们是为了使固定资产达到预定可使用状态而产生的必要支出。

五是资本化利息的处理。

如果固定资产的购买是通过借款方式进行的，那么在固定资产达到预定可使用状态前所发生的借款利息也应计入固定资产的成本。这部分利息被称为资本化利息，它反映了因购买固定资产而产生的融资成本。

b. 自行建造固定资产

对于自行建造的固定资产，制度要求将建造过程中发生的必要支出全部计入成本，包括直接材料费、直接人工费、间接费用以及资本化的借款利息等。

一是直接材料费。

直接材料费是指直接用于固定资产建造的各种原材料、辅助材料、备品备件、外购半成品等的费用，其是固定资产建造成本的直接组成部分，因此必须全部计入成本。

二是直接人工费。

直接人工费，作为固定资产建造过程中不可或缺的人力成本，其构成涵盖了生产工人的工资、奖金、津贴及补贴等，其在固定资产成本中占据重要位置，且背后蕴含着精细的核算逻辑。

从工资层面分析，生产工人的基本工资依据其技能水平、岗位重要性及工作经验综合确定，作为对其劳动付出的基本回报。这体现了不同层级工人在建造流程中的价值差异，例如，高级技工凭借精湛技艺在关键环节发挥重要作用，其基本工资自然较高，这直接关联到固定资产的质量与精度。

奖金则是对工人额外努力与卓越表现的激励。当工人高效完成建造任务，或提出创新工艺改进方案，提升效率、降低损耗时，则可依据奖励制度获得奖金。这些奖金不仅可以激励工人追求卓越，也合理成为固定资产成本的一部分。

津贴则是对建造工作环境艰苦性与特殊性的补偿。例如，高温作业环境下的工人可获得高温津贴，高空作业工人有高空作业津贴，边远地区基础设施建设的工人则享有边远地区津贴。这些津贴切实反映了为完成固定资产建造所克服的困难条件，必须计入成本，以全面体现人力消耗。

补贴方面，交通补贴对于远离居住地的工人尤为重要，确保他们顺利通勤，保障建造工作顺利进行。餐饮补贴同样关键，特别是在工期紧张时，确保工人营养充足，维持良好体力，这些补贴也构成直接人工费的一部分，最终融入固定资产的建造成本。

在实际进行成本核算的过程中，财务人员、人力资源部门以及工程管理部门之间的紧密合作至关重要。人力资源部门扮演着关键角色，他们精确地记录每位生产工人的出勤情况、绩效评估结果，这些信息是计算工资、奖金、津贴及补贴等直接人工费用的基础。与此同时，工程管理部门则负责明确每位工人所参与的具体建造项目、他们的工作时间段以及各自的任务分配，这一步骤对于确保人力成本能够准确无误地分配到相应的固定资产建造项目中至关重要。财务人员则基于人力资源部门和工程管理部门提供的详尽资料，严格遵循《事业单位会计准则》和《事业单位会计制度》的要求，一丝不苟地将直接人工费用计入固定资产成本。在此过程中，财务人员还会建立清晰明了的成本明细账目，这不仅便于后续的查询、分析工作，同时也为审计监督提供了有力的支撑。

三是间接费用。

间接费用，作为固定资产建造活动中不可或缺的"隐形支撑"，虽然在实体建造中不直接露面，却在整个经济链条中发挥着举足轻重的作用。这些费用包括管理人员工资、办公费、差旅费以及水电费等，如同幕后英雄，默默推动着建造项目的顺利进行。

管理人员工资是指支付给那些统筹全局、协调各方的专业人士的报酬。他们凭借丰富的项目管理经验、深厚的工程知识以及卓越的组织能力，确保建造项目能够按计划稳步前行。这些工资，虽不直接转化为实体资产，但却是保障建造活动高效运转的关键。一位资深的项目经理，获得的薪资不仅是对其个人能力和经验的认可，更是对整个建造团队稳定与高效运转的保障。这些人力成本，必须通过合理的分配机制，纳入固定资产成本之中。

办公费则涵盖了从日常办公用品到办公设备的一切开销。在项目建造期间，项目办公室作为信息交流、指令传达的核心，其正常运转离不开这些物资的支撑。无论是精确绘制的图纸、严谨细致的项目报告，还是高效的数据处理、文件传输，都离不开纸张、墨盒以及性能良好的办公设备。这些费用，虽然看似微小，但累积起来，却为建造活动搭建了一个稳固的管理与沟通平台。

差旅费更是建造活动中不可或缺的一部分。当项目跨越地域，管理人员需要频繁出差，进行实地考察、洽谈合作、参加会议等。这些差旅开支，无论是交通费用、住宿费用还是餐饮补贴，都是为了确保建造项目能够充分利用各地资源、及时解决异地施工难题。这些费用，紧密围绕固定资产建造活动展开，理应按照科学的分配方式计入成本。

水电费在建造现场同样扮演着重要角色。施工现场的照明、施工机械的运行、电动工具的使用，以及混凝土搅拌、场地降尘等，都离不开电能和水资源的支撑。这些费用直接服务于建造现场的日常运营，为固定资产从蓝图变为现实提供了基础保障。

在实际操作中，为了确保间接费用的合理分摊，财务部门需要与工程管理、后勤保障等部门紧密协作。工程管理部门负责记录各项间接费用的发生情况，明确其对应的建造项目阶段和用途；后勤保障部门负责精准统计水电用量、办公物资消耗等实际数据；财务人员则依据这些数据，结合科学合理的分配方法，将间接费用精准分摊到各个固定资产建造项目上。同时，建立详尽的间接费用分摊台账，清晰记录每一笔费用的来源和去向，既便于内部管理分析，又能从容应对外部审计核查。

四是资本化的借款利息。

如果固定资产的建造是通过借款方式进行的，那么在建造期间发生的借款利息也应计入固定资产的成本。当事业单位着手进行一项如新建科研实验楼等重大固定资产项目时，面对巨额资金需求，外部借款往往成为填补资金缺口的必要途径。在此情境下，所产生的借款利息与固定资产建造活动紧密相连，构成了资产成本不可或缺的一部分，即资本化利息。

资本化利息，实质上是因建造固定资产而产生的融资成本，它精确映射了事业单位为筹集资金所付出的代价。这些借款可能源自银行长期贷款，银行在放贷前会全面评估项目的可行性、事业单位的还款能力及资产预期收益，确保贷款安全。事业单位需按合同约定支付稳定的利息，这些利息随着建造进度的推进而逐步累积，成为固定资产成本的一部分。此外，专项债券也是另一种重要的借款方式，其期限长、利率随市场供需及信用评级动态调整，筹集的资金专用于固定资产建造，其产生的利息同样紧密关联建造项目，并逐步计入资产成本。

在利息计算方面，财务部门需依据借款合同细则严格执行。固定利率借款的利息计算相对直观，而浮动利率借款则需实时关注基准利率变动，确保利息核算的精准性。这一过程要求财务人员具备敏锐的市场洞察力与精确的计算能力。

资本化利息的计入，对于准确反映固定资产实际成本至关重要。若将建造期间的借款利息全部计入当期损益，将导致财务报表信息失真，无法真实反映固定资产投资的长期效益。只有将利息资本化，并在固定资产使用年限内通过折旧的方式分摊，才符合会计原则，如实展现固定资产全生命周期的经济成本。

在实际操作中，财务部门需与借款机构保持紧密沟通，确保利息计算依据的准确性；同时，协同工程管理部门，精准掌握建造进度，严格判断利息资本化条件，防止成本计量偏差。此外，建立独立的资本化利息台账，详细记录每笔利息的来源、计算过程及资本化期间，既便于内部审计核查，又为固定资产后续管理与折旧计提提供了坚实的数据支撑。

五是其他相关支出。

除了上述费用外，还存在其他与固定资产建造直接相关的支出，具体包括：

设计费是指为固定资产建造项目提供专业设计服务所产生的费用，包括建筑设计、结构设计、电气设计、给排水设计等多个方面。在建筑设计层面，设计师不仅需考虑建筑的整体布局、外观风格与空间利用，还需深入洞察事业单位的文化内涵与未来发展规划，并将这些因素巧妙融入设计中。例如，对于一座承载着城市文化记忆的博物馆，设计师需精心规划展览流线，打造富有层次感与故事性的展示空间，使观众在游览过程中既能领略展品魅力，又能感受城市文化的深厚底蕴。这种设计不仅提升了建筑的实用性与美观性，更赋予了其独特的文化价值与情感共鸣，其背后的设计费用无疑是对这份创意与专业的最好诠释。在结构设计方面，工程师需运用深厚的力学知识与丰富的实践经验，为建筑筑起坚不可摧的"安全网"。他们需考虑地质条件、气候条件、使用荷载等多种因素，精心选型并设计结构构件，确保建筑在各种极端条件下仍能保持稳定与安全。对于高层建筑或大型公共设施，结构设计的复杂性与重要性更是不言而喻。工程师需运用先进的计算软件与模拟技术，对结构方案进行反复优化与验证，以确保最终设计的合理性与经济性。这些努力与智慧，都凝聚在了设计费用之中，成为固定资产稳固长久的重要保障。电气设计与给排水设计同样不可或缺。电气设计师需规划好照明、电力供应与弱电系统，确保建筑内各项电器设备的正常运行与用电安全。给排水设计师则需精心布局供水、排水与水处理系统，满足人员日常用水需求与环境保护要求。特别是在医院、学校等公共场所，这些设计更需考虑特殊需求与特殊要求，如医疗废水的专业处理、应急照明系统的可靠性等。这些细致入微的设计工作，不仅提升了建筑的功能性与安全性，更体现了设计师对人性关怀与环保理念的深刻理解与践行。

设计费的合理投入，不仅能够确保固定资产的实用性与美观性，还能有效降低施工过程中的设计变更与成本。在项目初期，一份周全精准的设计方案能够预见并规避诸多潜在问题，减少施工过程中的返工与材料浪费。同时，优质设计还能引导施工顺利推进，缩短工期，提前实现固定资产的投入使用与效益产出。这对于事业单位而言，无疑是一笔划算的投资。在实际核算中，财务部门需协同采购、基建等多部门共同把关，确保设计费用的合理性与合规性。采购部门需通过招标、询价等方式，筛选出性价比高的设计服务供应商；基建部门需与设计团队紧密沟通，确保设计方案贴合实际需求与规范标准；财务部门则需依据合同约定与设计进度，准确支付设计费用，并建立详细的设计费台账，记录费用明细、支付节点等关键信息。这样既能有效管控成本，又能便于外部审计监督，为固定资产的精准计价与长期效益提供坚实保障。

监理费是指聘请专业监理机构对固定资产建造过程进行监督和管理的费用。

监理机构，作为业主方的"专业瞭望塔"，以其深厚的专业知识与丰富的实战经验，对施工单位的工作质量、进度把控及安全管理实施了全面而精细的监督。在质量监管层面，监理工程师们对每一项施工步骤都进行了严格的审查。从基础工程的土方开挖，到主体结构的钢筋绑扎、混凝土浇筑，每一个细节都逃不过他们的专业审视，确保了施工质量的精益求精。

在进度管理方面，监理团队依据项目合同及施工进度计划，对项目进展实施了严格的跟踪与核查。通过直观的进度图表对比，一旦发现施工进度有所滞后，监理人员会迅速行动，组织各方进行协调，分析滞后原因，并督促施工单位采取有效的措施追赶进度，从而避免了因工期延误而产生的额外成本与效益损失。

在安全管理方面，监理机构更是重任在肩。他们不仅监督施工现场的安全防护措施是否完备，还检查施工机械的安全操作规程是否得到落实。对于高风险作业场景，如深基坑、高空作业等，监理工程师们更是提前审核施工方案，并在施工过程中全程监督，确保安全隐患得到及时排除，为施工人员的生命安全提供了坚实的保障。

监理费的投入，对于提升固定资产建造项目的整体质量与降低安全隐患具有显著作用。它不仅促使施工单位保持严谨的施工态度，有效避免了因违规操作导致的质量问题，还确保了固定资产在建成后能够稳定运行，减少了后续维修成本，延长了使用寿命，为事业单位创造了更大的长期价值。同时，通过严格的安全监管，监理机构有效降低了安全事故风险，减少了因事故引发的停工、赔偿等成本，保障了项目的平稳推进。

在实际核算中，为确保监理费的合理支出与精准记录，财务部门需要与多部门紧密合作。采购部门需广泛招标，吸引具备资质、业绩良好的监理单位参与投标，并通过综合评估选取最优合作对象；基建部门作为业主代表与监理机构对接，传达项目需求，协助监理人员深入了解项目特点，并审核监理报告；财务部门则需根据监理合同中约定的计费方式，结合监理工作的实际进展，准确支付监理费用，并建立详细的监理费台账，记录服务内容、费用明细及支付节点等信息，以支持内部成本管控、绩效评估及外部审计核查，全方位保障监理费的合理列支，为固定资产成本的精准计量奠定坚实基础。

质量检测费是指在固定资产建造过程中，为验证工程质量、材料性能等是否符合相关标准而进行的检测活动所产生的费用。这笔费用涵盖了从材料试验到结构检测，再到设备调试等一系列精细且必不可少的环节，每一环节都是对固定资产质量的严格把控。

在材料试验阶段，无论是基础的钢筋、水泥，还是各种装饰装修材料，都必须经过严格的质量筛选。例如，钢筋需经受拉伸试验的考验，以验证其屈服强度、抗拉强度等关键指标，确保它们能在建筑结构中发挥应有的支撑作用。水泥的检测则聚焦于凝结时间、安定性和强度等级，防止因水泥质量问题而引发的结构隐患。这些检测活动不仅依赖于专业的试验设备，还需要严谨的操作流程和经验丰富的检测人员，它们共同构成了材料质量的坚实防线。

结构检测是确保固定资产安全稳定的另一道核心屏障。在建造的不同阶段，如基础完工和主体结构施工期间，专业的检测技术手段被用于对建筑结构进行全面的"健康检查"。通过回弹法检测混凝土强度、超声法探测内部缺陷，以及针对大型钢结构的焊缝探伤检测，这些高精度的检测工作能够及时发现并纠正结构中的潜在问题，确保建筑物在长期使用中的安全可靠。

设备调试作为质量检测的关键组成部分，同样不容忽视。对于固定资产建造中涉及的各类大型机械设备和专业仪器，如中央空调系统、电梯等，安装完成后的全面调试至关重要。调试人员需依据设备标准和安装指南，精心调整设备参数，使其达到最佳运行状态。这一过程的精细把控，为设备的稳定运行和减少故障损失奠定了坚实基础。

质量检测费的重要性在于，它有助于在建造过程中及时发现并纠正问题，从而避免返工和修复带来的额外成本。通过严格的材料试验，不合格材料被有效排除，防止了因材料问题而引发的质量连锁反应。结构检测则确保了建筑结构的完整性和安全性，消除了潜在的安全隐患。设备调试的精细把控，则可以确保设备在最佳状态下运行，从而减少了因设备故障导致的停工损失。

因此，将质量检测费计入固定资产成本是合理的。在实际操作中，财务部门需要与工程、质检等部门紧密合作。工程部门负责规划检测计划，确保检测工作有序进行；质检部门负责选择具备专业资质和公信力的检测机构，制定详细的检测方案，并全程监督检测过程；财务部门则依据检测合同约定的计费方式，结合检测工作的实际进度，准确支付质量检测费用，并建立详细的台账记录，以便于内部成本管控、绩效评估以及外部审计核查。这样的协同合作，确保了质量检测费的合理支出和精准计量，为固定资产成本的精准计算提供了有力支持。

2）后续计量

a.折旧方法的选择

一是年限平均法。

适用对象：年限平均法，又称直线法，主要适用于使用寿命相对较长且价值损耗相对均匀的固定资产，如教学楼、行政楼等房屋建筑类资产。这些资产通常具有较长的使用寿命，且在使用过程中，其价值损耗相对平稳，没有显著的加速折旧现象。

优点：年限平均法计算简单，易于理解和操作。它通过将固定资产的原值扣除预计净残值后，在预计使用寿命内平均分摊，从而得出每年的折旧额。这种方法能够平滑地反映固定资产的成本分摊，避免了因折旧方法选择不当而导致的会计信息失真。

应用实例：假设某事业单位拥有一座教学楼，原值为1000万元，预计使用寿命为50年，预计净残值为100万元。采用年限平均法计算，每年的折旧额为（1000-100）/50=18万元。

二是加速折旧法。

适用对象：加速折旧法主要适用于更新速度较快、技术淘汰风险较高的固定资产，如电子设备、科研仪器等。这些资产由于技术进步和市场需求的快速变化，其价值往往在使用初期就迅速下降，因此采用加速折旧法能够更准确地反映资产的实际价值损耗。

具体方法：加速折旧法包括双倍余额递减法和年数总和法等多种具体形式。双倍余额递减法是在不考虑固定资产预计净残值的情况下，根据每期期初固定资产账面余额和双倍的直线法折旧率计算固定资产折旧的一种方法。年数总和法则是将固定资产的原值扣除预计净残值后的净额，乘以一个逐年递减的分数来计算每年的折旧额。这个分数的分子代表固定资产尚可使用寿命，分母代表固定资产预计使用寿命逐年数字总和。

优点：加速折旧法能够在资产使用初期计提较多的折旧，从而更快地反映资产的价值损耗。这种方法有助于事业单位及时更新设备和技术，提高资金使用效率，同时也为财务报表使用者提供了更具前瞻性的资产信息。

应用实例：以双倍余额递减法为例，假设某事业单位购买了一台价值为100万元的电子设备，预计使用寿命为5年，预计净残值为10万元。采用双倍余额递减法计算，第一年的折旧额为100×2/5=40万元，第二年的折旧额为（100−40）×2/5=24万元，以此类推。

b. 折旧年限的确定

制度还规定了不同类别固定资产的折旧年限。这需要根据资产的预计使用寿命、技术进步速度以及使用环境等因素进行综合判断。

资产的预计使用寿命，是确定折旧年限的基石。以办公家具为例，质量合格的办公桌在正常使用和维护下，往往能在10~15年内保持其功能完整性，满足日常办公需求。因此，其折旧年限会依据过往经验数据以及行业标准，被设定在一个合理范围内，以真实反映其价值损耗过程。对于大型机械设备，如环卫专用车辆，由于其高强度作业特性，预计使用寿命通常在8~10年，折旧年限也会相应贴近这一实际使用时长，以确保财务信息的准确性。

技术进步速度也是决定折旧年限的关键因素之一。在科技日新月异的今天，计算机设备等受技术迭代影响显著的资产，其折旧年限会大幅缩短。这是因为随着新技术的不断涌现，旧设备在运行效率、数据处理能力等方面已难以满足现代办公需求。若仍按传统折旧年限核算，将导致资产账面价值虚高，掩盖技术落后带来的贬值风险。因此，针对此类资产，折旧年限的设定需紧跟技术变革步伐，快速反映其价值递减情况。

此外，使用环境对折旧年限同样具有重要影响。在恶劣气候或工况下使用的固定资产，其磨损程度会加剧，使用寿命会缩短。例如，沿海地区的建筑物受高湿度、强盐雾侵蚀，其外墙、门窗等部件更容易出现腐蚀、生锈现象，导致整体使用寿命减少。因此，在确定折旧年限时，需充分考虑这种特殊环境因素，相应调低年限，以确保折旧成本的分摊与资产实际损耗节奏同步。

合理的折旧年限有助于避免过度折旧或折旧不足的情况。过度折旧会导致资产账面价值过低，可能误导管理层对单位资产实力的判断，影响对外经济活动中的资源调配和合作洽谈。而折旧不足则会使资产账面价值虚高，掩盖资产老化、技术落后等问题，误导资源配置决策，影响服务质量和业务效率。

c.减值测试与处理

在后续计量中，制度还要求对固定资产进行定期的减值测试。对于科研设备这类技术迭代迅速的资产，季度或月度的测试是必要的。例如，生物科研机构中的基因测序仪，面对科技的飞跃，其价值可能在极短的时间内大幅下滑。相反，教学楼、体育馆等建筑类资产，因其功能稳定、受技术冲击小，年度测试通常足以捕捉价值变化。

减值测试的实施是一项综合性任务，需综合考虑多方面因素以准确评估资产的可回收金额。这包括参考活跃市场中同类资产的交易价格，以及合理预估资产未来现金流量。当市场上出现性能更优、价格更低的同类资产时，本单位资产的价值评估便需重新审视。同时，对资产剩余寿命内经济利益的流入进行深入分析，如租金、产品或服务收益等，是评估未来现金流量的关键。例如，文化事业单位的演出场馆若面临竞争压力，预计未来收益下滑，其可回收金额便需相应调整。

当可回收金额低于账面价值时，计提减值准备成为必要，这相当于一次精准的"财务校正"，旨在消除资产价值虚高的现象，以确保财务信息的真实性。这一过程要求财务人员依据测试结果，遵循会计准则，调整账面价值，通过会计分录实时反映资产当前状态。

从管理层视角来看，减值信息提供了资产配置策略调整的契机。例如，频繁计提的办公设备减值准备提示更新换代的必要性，促使管理层优化采购预算，引进先进设备。在对外信息披露方面，准确的减值情况增强了投资者、监管部门的信任，为单位赢得了良好的声誉与评价，同时也为其长远发展奠定了基础。

（2）财务报表编制

财务报表编制是该制度的又一亮点。它要求事业单位编制资产负债表、收入支出表、财政补助收入支出表等多份核心报表，且每份报表的格式、内容、填列方法都有严格规定。

1）资产负债表

a. 格式规范与信息呈现

资产负债表遵循特定的会计平衡原则设计。月报遵循"资产＋支出＝负债＋净资产＋收入"的平衡公式，其结构左侧为资产与支出部类，右侧为负债、净资产与收入部类。年报则调整为"资产＝负债＋净资产"的平衡公式，省略了收入与支出项目。内容上，该报表详尽列出了流动资产、固定资产、无形资产等各类资产的规模与构成，以及负债的总额与具体来源，如借入款项、应缴款项等，同时清晰展示了净资产的结余状况。

b. 数据填列原则

"期末余额"栏的数据填列依据多样，包括直接引用总账科目余额、基于多个总账科目余额的计算、根据明细账科目余额的计算、结合总账与明细科目余额的分析计算、扣除备抵科目余额后的净额，以及综合运用上述方法的分析填列。

2）收入支出表

a. 结构框架与项目分类

收入支出表遵循"收入－支出＝结余"的基本等式构建。收入部分细分为事业单位收入、经营活动收入、专款收入，涵盖财政补助收入、上级补助收入、附属单位上缴、事业收入、经营收入等项目。支出部分则包括事业活动支出、经营活动支出、专款支出，具体如拨出经费、上缴上级支出、对附属单位补助、事业支出、经营支出等。结余部分则细化为事业结余、经营结余及结余分配。

b. 数据填列细节

各项目的填列基于相应科目的本期发生额。例如，"事业收入"项目直接引用"事业收入"科目的本期发生额，"事业支出（非财政补助支出）"项目则汇总"事业支出—非财政专项资金支出"与"事业支出—其他资金支出"等科目的本期发生额。

3）财政补助收入支出表

a. 核心内容与呈现方式

该表专注于财政资金的流动轨迹，以清晰的结构展现财政补助的获取途径、具体使用情况及结余状态，确保财政资金的透明管理与专款专用。

b. 数据编制流程

依据每笔涉及财政补助的收支凭证进行编制。在财政直接支付方式下，财政补助收入按实际支付入账金额确认；而在财政授权支付方式下，则依据到账的财政授权支付额度确认收入。

通过这些核心财务报表的规范编制，事业单位能够向管理层、投资者、监管部门等提供详尽、准确、可靠的财务信息，有助于各方深入了解单位的财务状况、运营成效及财政资金的使用效率，为决策提供坚实的数据支持，保障事业单位的持续健康发展。

（二）《事业单位财务规则》

《事业单位财务规则》（以下简称"《规则》"）如同一把精准的标尺，细致衡量着事业单位财务管理的每一寸"领地"，为财务活动的有序进行奠定了坚实的基础。在事业单位复杂的财务环境中，它扮演着举足轻重的角色，是规范财务行为、强化管理监督、提升资金效益的纲领性文件。

1. 预算管理

在预算编制的起始阶段，《规则》倡导事业单位摒弃传统粗放式预算方法，转而采用零基预算这一先进理念。这意味着，在规划年度预算时，事业单位需从零出发，对所有业务项目逐一进行详尽的梳理与评估。以教育事业单位为例，新学年的预算编制需综合考虑学校的发展战略、教学实际需求、学生规模变化及市场动态等多方面的因素。开设新课程需与学校长远规划相契合，同时结合行业技术革新，更新教学内容；购置教学设备需精准预估设备数量，并对比不同品牌、型号的性能与价格，力求性价比最优；师资培训需依据教师队伍现状，制订个性化培训方案；校园修缮则需全面排查设施老化情况，合理规划预算。通过这一系列的深入论证，确保预算的精准与合理，为新学年的工作奠定坚实的财务基础。

在预算执行过程中，《规则》依托信息化监控手段，确保预算的严格落实。事业单位通过搭建财务管理信息平台，实现资金流向与支出进度的实时追踪。一旦发现偏差，系统将立即预警，通知相关责任人迅速整改。例如，科研事业单位在执行科研项目预算时，若因供应商交货延迟导致支出进度滞后，信息化监控系统将即时发出警报，项目负责人可据此调整工作计划，确保预算执行回归正轨。这一机制有效维护了预算的严肃性与精准性，成为引领事业单位业务发展的"财务灯塔"。

在预算调整方面，《规则》设定了严格规范的流程。面对内外部不确定因素的影响，如政策法规变更、自然灾害冲击或业务方向调整等，事业单位需组织专业团队进行详细评估，量化影响程度，并向上级主管部门提交详细的预算调整申请报告。以文化事业单位为例，若因天气原因转移演出场地，单位需说明事由，并提供多套调整方案及可行性分析，经审批通过后执行调整预算。这一流程不仅确保了预算调整的有理有据，还维护了预算体系的科学性与严谨性。

在预算绩效评价环节，《规则》构建了全面系统的评价指标体系。这一体系不仅涵盖传统的财务指标，如预算执行率、资金节约率等，还融入了大量非财务指标，从业务成果角度深度考量预算的价值创造。以教育事业单位为例，师资培训预算的绩效评价不仅关注费用控制情况，还考察教师教学水平提升及学生成绩进步等；校园修缮项目则评估修缮成本与校园环境满意度等。通过全方位、多维度的绩效评价，精准发现预算执行过程中的优势与不足，为下一轮预算编制提供宝贵的经验借鉴，持续优化预算管理水平，助力事业单位在追求卓越的道路上稳健前行。

2. 收入管理

对于财政补助收入这条政府支持的"生命血脉"，《规则》展现出了高度的审慎与严谨。事业单位在申请财政补助时，必须紧密结合自身的职能定位、年度工作计划及重点项目规划，精准核算资金需求，并提交详尽且具有说服力的申请报告。

例如，一家致力于基础科研的事业单位，在申请科研设备购置专项补助时，需全面阐述设备老化现状、新设备对科研突破的关键作用，并提供专业的设备选型论证及市场询价资料，确保申请资金既合理又精准。一旦资金到位，其使用过程将受到全程监控，从合同签订、款项支付到设备验收、入库登记，每一笔支出都需与申请用途严格对应，严禁任何形式的资金挪用。对于结余资金，事业单位需遵循财政部门的指导，或结转下年继续使用，或按规定流程退回，确保财政资金能够精准投入到国家发展的关键领域，发挥最大社会效益。

在事业收入管理方面，《规则》充分考虑了不同行业的特性，为各行业事业单位量身定制了差异化管理策略。以文化事业单位为例，其通过举办文艺演出、展览等活动获得的门票、赞助等收入，不仅承载着文化传承的重任，也是单位自我发展的重要支撑。这些收入需如实入账，利用现代财务管理软件精准记录每一笔款项的来源、金额及入账时间，确保财务数据的真实性与可靠性。在纳税环节，文化事业单位需严格遵循国家税收法规，准确核算应纳税额，并及时足额缴纳税款，树立良好的纳税形象。而在收入分配上，文化事业单位需将资金合理分配到后续文化项目创作、场馆维护、人才培养等关键环节，确保文化事业在资金的良性循环中蓬勃发展，为社会持续提供高品质的文化产品与服务。

对于经营收入，《规则》鼓励事业单位在合法合规的前提下，充分利用自身专业优势拓展市场，实现经济效益与社会效益的双赢。然而，这并不意味着事业单位可以随意定价或忽视经营成本。以一家拥有先进农业技术的科研事业单位为例，其在推广新技术、销售自研种苗时，需综合考虑研发、生产、市场推广等成本，以及市场同类产品或服务的价格水平，制定合理的价格策略。在成本核算上，事业单位需细化到每一项原材料采购、设备折旧、员工劳务等费用，确保经营成本的真实反映。同时，事业单位在开展经营活动时，仍需坚守公益属性，将部分经营收益回馈社会，如为贫困地区农户提供免费技术培训、优惠种苗供应等，实现经济效益与社会效益的有机融合，彰显事业单位的责任与担当。

3. 支出管理

在人员经费支出方面，《规则》严谨细致地规范了工资福利的发放标准。这一标准并非简单的数字，而是基于公平、效率与国有资产保护的多重考量。对于从事核心技术研发、关键业务管理的岗位，因其对单位发展的重要性，薪酬待遇自然水涨船高。职称级别同样成为决定薪酬的重要因素，高职称往往代表着更深的学术造诣、更精湛的专业技能或更丰富的管理经验，因此，在工资福利上给予相应的体现，既是对员工个人价值的认可，也是激励员工不断追求卓越的动力源泉。此外，工作绩效的考核体系更是将薪酬与员工的表现紧密挂钩，通过量化评估员工的工作成果、业务创新、团队协作等多维度表现，实现绩效优异者的额外奖励，而绩效不达标者则面临相应扣减。这种机制有效避免了"大锅饭"现象，确保了国有资产的高效利用。

在公用经费支出方面，《规则》要求事业单位必须精打细算，将节约增效的理念融入每一个细节之中。从办公用品采购的审批流程优化，到差旅费报销的标准细化，再到日常消耗费用的严格管控，每一个环节都体现了对资金使用的审慎态度。例如，在办公用品采购方面，《规则》鼓励事业单位建立集中采购制度，通过公开招标、询价等市场化手段，选定优质供应商，实现批量采购以降低成本。同时，加强库存管理，利用信息化手段实时掌握库存动态，确保办公用品的供应既及时又经济。在差旅费报销方面，《规则》更是细致入微，根据不同级别员工的出差需求，制定差异化的报销标准，既保障了员工的基本生活与工作需求，又有效防止了铺张浪费现象的发生。

对于专项项目支出管理，《规则》更是严格把关，确保每一笔资金都能用在刀刃上。专项项目往往涉及巨额资金投入，关乎单位的发展战略与社会公共利益。因此，《规则》要求对科研项目、基本建设项目等专项资金实行专户管理、专款专用。从项目立项开始，就组建专业的评审团队对项目的可行性、科学性、创新性进行深入论证，确保项目具备实施的必要性与可行性。在预算编制环节，项目负责人需联合财务人员根据项目实施步骤与资源需求，精细测算每一项费用，制订详细且合理的预算方案。在执行监控过程中，依托信息化项目管理平台对资金流向与进度完成情况进行实时跟踪与预警，确保项目资金能够按照预算计划有序支出。项目完成后，还需进行竣工验收与绩效评估，以检验项目资金的使用效果与投入产出效益。

二、法规环境

《中华人民共和国会计法》（以下简称"《会计法》"）作为会计领域的"宪法"，具有里程碑式的意义。它高瞻远瞩地确立了会计工作的基本原则，为所有会计行为提供了明确的指引。真实性原则要求会计信息必须真实反映单位的经济业务实质，禁止任何虚假记载或误导性陈述，确保财务数据经得起时间的考验。无论是事业单位记录财政拨款收支、项目经费使用，还是经营活动收益，都必须以原始凭证为依据，精准、客观地记账算账。完整性原则要求将单位的所有经济业务无一遗漏地纳入会计核算范围，从日常办公用品采购到重大科研项目经费支出，任何一笔资金流动都要在会计账簿中留下清晰的痕迹，以防止账外账、小金库等违规现象的发生。统一性原则则强调会计核算方法、会计科目设置等在全国范围内保持协调一致，使不同地区、不同类型的事业单位都能遵循统一标准进行会计处理，便于横向对比分析和国家宏观经济决策。

在会计核算的具体要求上，《会计法》同样详尽无遗。它明确规定了会计凭证的填制、审核与保管流程，要求每一张发票、收据作为经济业务的原始证明，必须要素齐全、字迹清晰，经严格审核无误后方可作为记账依据，并按规定年限妥善保存。会计账簿的设置与登记必须规范有序，总账与明细账之间要保持清晰的对应关系，确保成本核算的精准无误。财务报表的编制与披露则要遵循严格的格式与内容要求，如实展现单位特定时点的财务状况和一定时期内的经营成果，为管理层、监管部门以及社会公众提供准确、透明的财务信息。

对于会计人员的职责，《会计法》也进行了明确的界定。它赋予会计人员监督职责，要求其在日常工作中对单位经济业务的合法性、合规性进行严格把关。一旦发现资金挪用、虚报冒领等违规行为，会计人员必须及时制止并向上级报告。同时，会计人员自身也要具备扎实的专业素养，持续学习更新专业知识，熟练掌握会计准则、税收政策等变化，确保会计核算与财务管理工作与时俱进。若因会计人员疏忽或故意导致会计信息失真，其将依法承担相应的法律责任。

此外，国家还出台了一系列配套法律法规，与《会计法》相得益彰。《企业会计准则》虽然主要针对企业，但其先进的理念和方法，如公允价值计量、资产减值准备计提等，为事业单位在处理一些特殊业务，如对外投资、资产清查等时提供了有益的借鉴。《会计基础工作规范》则像一本详尽的操作手册，进一步细化了会计工作各个环节的具体流程与标准，从会计人员岗位设置、交接手续办理到会计档案整理归档，面面俱到，让会计工作有章可循。

❖ 第三节　会计工作在事业单位中的作用与意义

一、提供财务信息，支持决策制定

在当今这个经济环境日益复杂多变的时代，会计工作无疑是事业单位财务管理的坚固基石。它远非简单的数字堆砌，而是通过一系列严谨且精细的流程，对事业单位的所有经济业务活动进行详尽无遗、准确无误的记录与核算。从每一笔资金的流入与流出，到资产的购置、折旧以及合同背后的每一笔收支明细，都被一丝不苟地记录在会计账目之中，共同编织成一张全面覆盖、真实可信的财务信息网络。这些财务信息如同明灯，指引着事业单位在运营迷雾中破浪前行。对于单位内部管理而言，管理者仿佛驾驶着航船的舵手，依赖会计信息来精准把握单位的财务状况。对资金是否充裕、债务负担轻重、资产配置是否优化等一目了然。同时，经营效率的高低也清晰可见，如资金周转速度、业务成本控制、资源利用是否高效等关键指标，都能从会计数据中找到明确答案。此外，盈利能力作为衡量单位发展活力的核心指标，通过细致的收入与成本核算，管理者能够清晰识别出哪些业务板块是盈利的支柱，哪些仍需改进，从而为优化业务布局、提升整体效益提供有力支撑。从外部视角来看，上级主管部门承担着重要的监管职责。他们依据这些财务信息，对事业单位财政资金的使用合规性、效率以及政策执行情况进行全面评估，以确保公共资源得到合理利用，避免浪费与滥用。对于合作伙伴、投资者等利益相关者而言，会计信息是他们决定是否与事业单位合作或投入资源的关键依据。一份详尽且健康的财务报告，能够显著提升外界对单位的信任度，吸引更多优质资源与合作伙伴的汇聚，为事业单位的长远发展奠定坚实基础。

二、加强预算管理，提高资金使用效率

从宏观战略的高度审视，会计工作深度融入事业单位的整体战略规划，成为引领单位精准把握发展方向的关键力量。在预算编制的筹备初期，会计

人员如同具备远见卓识的导航者，他们不仅是数据的搜集者，更是单位战略愿景的诠释者和实践者。以文化事业单位为例，若单位计划在新的一年里推出一系列旨在提升社会影响力的大型文化展览和民俗传承活动，会计人员需将这些宏大的文化发展战略转化为精细的财务蓝图。他们深入调研，与策展专家、文化顾问及活动组织者紧密合作，全面把握活动规模、预期观众数量、场地租赁时长、展品运输与安保成本、宣传推广策略等核心要素，运用专业的财务知识，精确预估每项活动的资金需求，为这些肩负文化传承重任的项目提供坚实的资金后盾。

对于科技研发类事业单位而言，会计人员在预算编制过程中的角色尤为重要。面对科研探索的高度不确定性和长期性，他们需与科研团队紧密协作，依据科研项目提案、技术路线图及阶段性成果目标，细致拆分科研经费需求。从高精尖设备的采购、维护到科研材料的持续供应，再到科研人员的薪酬、培训费用，乃至国际合作交流的开销，均被纳入预算的细致考量之中。通过采用零基预算法，摒弃传统的经验主义预算模式，会计人员重新审视每项科研活动的必要性和预期效益，确保宝贵的科研资金能够优先流向最具创新性、最有望取得关键技术突破的项目，为科技进步提供不竭的动力，有力推动单位在科研领域的深耕细作，助其在激烈的科技竞争中占据先机。

进入预算执行的核心阶段，会计工作为事业单位的资金安全筑起了一道坚固的防线，确保资金能够精准、高效地投入使用。此时，会计人员化身为严谨细致的财务守护者，借助先进的信息化财务管理工具，对资金流向实施全面、无死角的实时监控。在日常运营中，无论是办公用品的采购报销，还是重大基础设施建设项目、大型科研攻关项目的资金拨付，会计人员均应严格遵循预算额度和项目进度，审慎把控资金流动节奏，确保资金与项目实际进展同步，有效规避超支、错付等风险。

面对外部环境的变化，如政策法规调整影响公益服务收费标准，或市场波动导致单位投资收益波动，进而影响预算执行时，会计人员展现出卓越的应变能力。他们迅速与业务部门协同，启动应急预案，重新评估业务优先级和资金需求。通过深入分析财务数据、业务数据及外部市场信息，运用科学的预测模型，精确估算预算缺口或盈余，及时提出切实可行的预算调整方案。这些方案经过严谨论证和层层审批，既贴合当前现实挑战，又符合单位长期发展目标，还能确保业务的连续性，使事业单位在复杂多变的外部环境中保持稳健步伐，持续为社会提供高质量的公共服务。

更深层次地，会计工作通过强化预算管理、提升资金使用效率，有力保障了事业单位社会公益职能的充分发挥。一方面，合理高效的预算安排促使单位将有限的资金精准投向核心业务领域，如教育事业单位可加大对师资队伍优化、教学方法创新、贫困学生资助等方面的投入，提升教育质量，促进教育公平；医疗事业单位则可将资金聚焦于医疗技术引进、设施更新、医护人员培训等方面，为患者提供更优质、便捷的医疗服务。另一方面，严格的预算执行监督与灵活的应变机制有效防范了资金滥用、挪用风险，维护了单位的公信力和社会形象，增强了公众对事业单位服务质量和资金使用透明度的信任，同时，进一步巩固了事业单位与社会公众之间的信任基础，为单位可持续发展营造了良好的社会氛围，使其在履行社会公益使命的道路上不断前行，为社会发展贡献源源不断的正能量。

三、促进内部控制，防范财务风险

会计工作在事业单位内部控制机制中扮演着举足轻重的角色，是保障单位财务稳健、运营顺畅的关键环节。会计人员不仅负责建立健全的会计制度，为单位的各项经济活动提供明确的流程指导和规范约束，还致力于通过这一系列制度的有效实施，从源头上防范和减少财务风险的发生，为单位的长远发展奠定坚实的基础。

在会计制度的构建过程中，会计人员需充分考虑单位的实际情况和业务特点，制定出一套既符合法律法规要求，又贴合单位运营需求的内部控制体系。这套体系应涵盖财务审批、资金管理、资产管理、采购管理、合同管理、预算管理等方面，确保每一项经济活动都有章可循、有据可查。同时，会计人员还需定期对制度进行更新和完善，以适应外部环境的变化和单位内部需求的调整，保持内部控制体系的时效性和有效性。除了制度的建设，会计人员还需通过持续的经济活动监控和分析，及时发现潜在的风险点。他们利用专业的财务知识和丰富的实践经验，对经济活动的数据进行深入挖掘和分析，识别出可能引发财务风险的异常情况和趋势。一旦发现风险点，会计人员将立即启动风险应对机制，与相关部门密切协作，共同制定并实施有效的风险防控措施，将风险控制在可承受的范围内，防止风险进一步扩大和蔓延。此外，会计工作还积极参与单位的内部审计工作，对内部控制的有效性进行评估和改进。内部审计是内部控制体系的重要组成部分，通过对内部控制的设计和运行情况进行全面、客观的评价，发现存在的问题和不足，提出改进建议，从而推动内部控制体系的不断完善和优化。会计人员作为内部审计的重要参与者，不仅提供专业的财务审计服务，还协助审计团队深入了解单位的业务流程和内部控制环境，为审计工作的顺利开展提供有力支持。

四、维护财经纪律，保障公共利益

事业单位作为国家和社会的重要组成部分，肩负着独特且重大的责任。其经济活动，如同舞台上的表演，必须在国家财经法规和政策规定的严格框架内进行，不容有失。而会计工作，则是这场表演背后不可或缺的"守护者"，以铁的纪律维护着财经纪律的底线，确保事业单位的健康发展。

从经济活动的源头开始，会计人员便以严谨细致的态度，对每一笔业务进行合规性审查。以资金收支为例，无论是财政拨款的接收、事业收入的入账，还是对外支付的采购和服务费用，会计人员都会依据相关法规政策，严格把关业务的合法性。对于财政专项拨款，如用于改善贫困地区学校教学条件的资金，会计人员会全程跟踪其使用过程，从采购合同的签订、货物的验收，到款项的支付，确保资金专款专用，切实投入到预定项目中，如教室修缮、教学设备购置等，让每一分钱都花在刀刃上。

在会计核算环节，准确性被视为会计工作的"生命线"。面对多样化的业务类型，会计人员凭借深厚的专业知识和丰富的实践经验，运用精确的会计处理方法，将每一项经济活动如实反映在财务账簿上。对于固定资产的核算，会计人员严格按照规定的计价方法确定其价值，包括购置成本、运输费、安装调试费等必要支出，并在后续计量时，根据资产性质和使用情况，合理选择折旧方法，确保资产账面价值与实际损耗相符。在收入和成本费用的确认上，会计人员遵循权责发生制原则，准确界定收入实现的时间和成本费用的归属期，以防止人为调节利润、粉饰财务报表等行为的发生。例如，文化事业单位举办大型文艺演出时，会计人员会在演出结束且服务已提供给观众后，确认门票收入，并将演出筹备过程中的各项成本按实际发生期间分摊计入当期损益，确保财务信息的真实性和可靠性。

这种对财务信息准确性和合规性的追求，不仅维护了国家的财经纪律，更为国家宏观经济调控提供了可靠的数据支持。当事业单位的财务数据如实汇总至国家层面时，政策制定者能够精准洞察公共服务资金的流向和使用效益，从而合理调整财政支出结构、优化资源配置。同时，精准的财务信息也为审计、纪检等部门的监督检查提供了便利，一旦发现违规行为，如虚报支出、违规发放补贴等，便能够迅速查处，形成强有力的震慑效果。

此外，事业单位作为公共服务的直接提供者，其会计工作的规范性和透明度也成为展示单位形象的重要窗口。公众期望看到自己缴纳的税费和捐赠的资金在事业单位中得到合理、高效的运用，并转化为优质的教育、医疗、文化等公共服务。因此，会计工作通过规范的流程和详细的财务报告披露，满足了公众的知情权需求。例如，教育事业单位定期公布教育经费的收支明细，让家长们清晰了解学费收入用于改善教学环境、更新教材教具、提升教师待遇等方面的支出情况；医疗事业单位则公示医疗服务成本、药品采购价格和医保报销详情，让患者了解就医费用的构成和合理性。

这种透明度的提升极大地增强了公众对事业单位的信任度和满意度。当公众看到事业单位在会计工作的规范引领下，资金使用公开透明、合理高效时，内心的疑虑自然消除，转而对单位充满信任和支持。这种信任和支持不仅有助于事业单位持续吸纳社会资源、提升服务质量，更有助于营造和谐稳定、积极向上的社会氛围，让公共服务的阳光普照每一个角落，为社会进步注入源源不断的活力。

五、推动财务管理创新，提升竞争力

随着社会的不断发展和改革的深入推进，事业单位面临着越来越多的挑战和机遇。会计工作通过推动财务管理创新，如引入先进的财务管理软件、优化会计核算流程等，有助于提升事业单位的财务管理水平和竞争力。这不仅有助于事业单位更好地履行社会职能，还能为其在市场竞争中脱颖而出提供有力支持。

第三章 会计工作现状分析

第一节 会计核算现状

一、会计基础工作不规范

（一）原始凭证管理漏洞

在当前部分事业单位的运营实践中，会计基础工作的不规范现象显著，严重阻碍了财务管理效能的提升。尤其在原始凭证管理方面，这一会计核算流程的基石，频繁暴露出信息填写不完整的问题。

1. 日期缺失

当经济业务发生后，相关人员在填制原始凭证时，经常忽略填写业务发生的确切日期，这一看似微小的疏忽，实则如同一颗隐藏在会计信息链条中的"定时炸弹"，引发了一系列连锁反应，给财务管理工作带来诸多难题。

在日常运营中，各类经济业务纷繁复杂，而原始凭证作为记录业务发生的第一手资料，其承载的信息精准度至关重要。以差旅费报销为例，员工在结束出差行程后，需要提交包括车票、住宿发票等在内的原始凭证来申请报销。然而，倘若在这些凭证上没有注明出差的起止日期，财务人员面对一堆票据时，便如同置身于迷雾之中，无法迅速判断该笔费用究竟是属于本月、上月还是更早之前的业务支出。这直接导致会计账簿在按时间顺序记录经济业务时，出现了大量"断档"与"错位"现象，时间序列记录变得混乱不堪，如同失去导航的船只，难以在浩瀚的数据海洋中精准定位每一笔经济活动的发生轨迹。

这种日期缺失的问题，对于后续的财务分析工作而言，更是一场"灾难"。

财务人员试图通过对历史数据的挖掘与剖析，来探寻单位业务发展的趋势、成本控制的成效以及资金流动的规律时，准确的时间标记是不可或缺的关键要素。缺少了业务发生日期，就无法将同一时期、同类业务的数据进行有效归集与对比，也就难以精准判断出如某类物资采购成本在不同季节、不同年份是否存在异常波动，更无法为单位未来的预算编制、资源配置决策提供具有前瞻性的依据。举例来说，若想分析单位每年第三季度的办公用品采购量变化趋势，以优化下一年度同期采购计划，但由于原始凭证大多未记录采购日期，财务人员不得不花费大量时间去翻阅其他辅助资料，逐个核实，不仅效率低下，而且分析结果也因数据的不确定性而大打折扣。

在审计环节，日期缺失同样给外部审计人员制造了重重障碍。审计工作要求对经济业务的真实性、合法性以及合规性进行全面审查，而明确的业务发生时间是构建审计证据链条的重要一环。当审计人员面对一份份日期不详的原始凭证时，他们难以核实该业务是否与单位同期的工作计划、项目进度相匹配，同时也无法判断是否存在跨期入账、人为调节利润等财务舞弊行为。例如，在审查某项目专项资金的使用情况时，由于原始凭证未注明资金支出的具体时间，审计人员无法确定该款项是否按照项目实施进度及时拨付，也难以查证是否有挪用资金用于其他非项目用途的嫌疑，极大地增加了审计风险，降低了审计工作的质量与效率。

此外，从内部控制与管理的角度来看，日期缺失反映出单位内部管理的松散与流程执行的不到位。这可能暗示着员工缺乏基本的财务规范意识，对原始凭证填制的重要性认识不足；同时也暴露了部门负责人在审核环节的失职，未能及时发现并纠正这一问题。长此以往，不仅会削弱财务部门对单位经济活动的管控力度，还可能引发一系列潜在的财务风险，如税务风险、资金风险等，给事业单位的稳健发展蒙上阴影。

2. 交易对方信息遗漏

在事业单位的财务管理中，原始凭证作为业务发生的初始记录，本应详尽记载交易对方的各项关键信息，如单位名称、账号、地址、联系方式等。然而，现实情况却常常令人担忧，交易对方信息的遗漏犹如在财务管理的"防护网"上撕开了一个大口子，为潜在风险的入侵敞开了大门。

从日常业务操作的角度来看，采购部门与外部供应商的合作过程中，原始凭证本应是业务真实性的有力证明。然而，不少原始凭证上仅简略标注了单位名称，对于账号、地址等关键信息的缺失，给财务操作带来了极大的不便和风险。特别是在资金转账支付环节，若缺乏准确的账号信息，财务人员极易转错账户，导致资金流失。同时，地址信息的缺失也使得单位在货物配送、售后服务或实地考察供应商时陷入被动，增加了沟通成本和运营风险。

联系方式作为业务双方沟通的关键纽带，其重要性不言而喻。无论是交易细节的核实、发票开具的跟进，还是后续纠纷的处理，都离不开准确的联系方式。一旦缺失，这些工作都将陷入僵局，给单位的正常运营带来严重影响。例如，某事业单位在承接大型项目时，因原始合同凭证上对方联系电话有误，导致关键节点无法及时联络，项目一度停滞，经济损失和商誉损害在所难免。

更为严重的是，交易对方信息的缺失为后续核实业务真实性设置了重重障碍，极大地增加了财务风险和审计难度。财务人员在进行账务处理时，若无法获取完整的交易对方信息，便难以确认业务的真实性和交易价格的合理性。特别是在涉及大额资金往来或重要合同的情况下，一旦信息不完整，单位的资金安全和法律合规将面临严重威胁。不法分子可能会利用这一漏洞，冒用正规供应商名义骗取资金，给单位带来毁灭性打击。

从审计的角度来看，完整的交易对方信息是构建严密审计证据链的必备要素。若原始凭证上信息残缺，审计人员难以追溯业务源头，无法确定交易是否符合单位内部采购流程、是否存在利益输送等违规行为。这不仅增加了审计工作的难度和风险，还可能使单位面临法律追责。例如，在审查专项资金使用项目时，若发现原始凭证上交易对方信息模糊，审计人员需花费大量精力查证，一旦查实存在挪用专项资金问题，将严重影响项目进度和单位声誉。

此外，交易对方信息遗漏问题还暴露出单位内部协同管理的低效。采购部门在获取交易信息时未能严格完整记录，而财务部门在审核原始凭证时也未及时察觉并纠正。各部门之间缺乏有效的沟通与信息共享机制，使得这一问题在业务流程中层层"漏网"，最终威胁到单位整体的经济安全。因此，加强内部管理、完善信息记录与审核机制、提升部门间协同效率已成为当务之急。

3. 审核把关不严

在接收原始凭证时，财务部门应遵循严格的审核流程，以严谨的态度和专业的眼光，对每一个细节进行细致的审查。但遗憾的是，一些显而易见的瑕疵，如缺少必要的签字盖章，却往往被疏忽。例如，在差旅费报销中，员工提交的住宿发票若未按规定附上住宿清单和领导审批签字，本应被视为违规，但财务人员却可能因疏忽或不够重视而直接通过，这不仅为个别员工提供了虚报费用的可乘之机，也破坏了单位内部的财务公正性。

附件不齐全的问题同样不容忽视。在物资采购业务中，原始凭证若仅包含一张发票，而缺乏采购合同、验收报告、入库单等关键附件，财务人员本应要求补充完整后再进行入账处理。然而，出于各种原因，如怕麻烦或对业务流程不熟悉，部分财务人员可能会忽视这一问题，草率地将残缺不全的凭证入账。这种做法如同在构建财务大厦时使用了劣质材料，为未来的财务危机埋下隐患。例如，某事业单位在采购办公用品时，因财务人员未严格审核原始凭证中的验收报告，导致实际入库数量与发票金额不符，单位因此无法及时向供应商追责，只能默默承受损失。

审核把关的松懈不仅为财务造假、违规报销等行为提供了可乘之机，还进一步削弱了会计信息的基本完整性。那些基于不准确、不完整的原始凭证生成的会计账簿和报表，如同建立在虚幻基础上的"空中楼阁"，难以真实反映单位的财务状况和经营成果。进而，这些失真的信息将影响财务分析、决策支持等环节的有效性，管理层在依据这些错误数据进行资源配置、预算规划、战略决策时，极易误入歧途，导致单位错失发展机遇，甚至陷入经济困境。

（二）会计账簿格式不统一

会计账簿，作为会计信息的载体和记录工具，其格式的统一性和规范性对于确保会计信息的准确性和连贯性至关重要。然而，在众多事业单位中，会计账簿格式的不统一却成为了一个普遍存在的问题，给财务管理带来了诸多挑战。

1. 会计账簿格式混乱

在事业单位财务管理的广阔领域中，各部门乃至同一部门内不同会计人员所使用的会计账簿格式各异，如同一道道无形的路障，严重阻碍了财务工作的顺畅推进，构成了财务管理的"信息梗阻"。

在一些规模庞大、结构复杂的事业单位中，不同业务部门因业务特性和流程差异，逐渐形成了各具特色的会计账簿记录方式。例如，业务部门 A 可能倾向于使用传统的三栏式账簿，记录简单明了，但业务摘要过于简略，缺乏关键细节，如差旅费报销仅标注"差旅费支出"，却未提及出差人员、目的地等关键信息。而同一部门内的另一个小组，则可能受个人偏好或过往经验影响，采用多栏式账簿，自行划分诸多明细栏目，但却与单位整体的财务核算需求相脱节，导致重要数据分散，难以快速归集。

这种账簿格式的混乱状况，直接导致了会计记录一致性缺失，使得不同部门或会计人员之间的会计信息交流变得异常困难。当需要跨部门协作或进行会计信息汇总时，这种不一致性如同不同语言体系下的交流障碍，财务人员不得不花费大量时间和精力去解读、转换和重新整理数据。以某事业单位的大型科研项目为例，研发、采购、后勤等多个部门各自记账，格式各异，导致在项目中期进行成本分析、预算管控时，关键数据的提取和比对变得异常艰难，如同在迷雾中寻找方向。在同一部门内部，不同会计人员使用的账簿格式差异也为日常工作带来了诸多不便。新入职的会计人员接手前辈的账目时，面对风格迥异的账簿，往往需要花费额外的时间去熟悉和适应，稍有不慎就可能误解数据含义，导致记账错误。在每月的财务报表编制环节，由于前期会计记录缺乏一致性，数据汇总时常常出现数据遗漏、重复计算等问题，严重影响了报表的准确性和及时性，使得管理层无法依据精准的财务信息做出科学决策。

这种账簿格式的不一致性不仅影响了工作效率，还增加了数据出错的概率。错误的财务信息一旦传递至决策层，可能引发错误的资源配置决策，如高估或低估项目成本，导致资金分配不合理，影响项目推进，甚至可能使单位错失发展机遇，陷入财务困境。因此，解决会计账簿格式乱象，实现账簿格式的统一和规范，已成为事业单位财务管理中亟待解决的问题。

2.账簿的栏次设计不合理

在一些事业单位现有的会计账簿体系中，部分账簿的栏次规划显得短视且局限。以某文化事业单位为例，在组织文艺演出、展览等文化活动时，业务涉及众多复杂且细致的环节，包括场地租赁、演员酬金、道具服装采购、宣传推广费用等。然而，与之对应的收入支出账簿栏次设计却极为简陋，仅简单划分为"收入"与"支出"两大主栏，支出项下也仅有几个通用的子栏，如"办公费""差旅费"等，完全未针对文化活动特有的费用类别设置专属栏次。当会计人员处理一场大型交响乐演出的财务账目时，面对需要支付给乐团成员的高额演出报酬，却找不到合适的栏次进行记录，只能勉强将其计入"其他支出"栏，导致该笔重要支出被淹没在笼统的数据海洋中，为后续的艺术创作成本分析带来了极大的困难。

类似的情况也出现在其他行业的事业单位中。例如，一家从事科技研发与技术服务的事业单位，在研发项目账簿栏次设计上同样存在缺陷。研发过程涉及众多专业且精细的费用构成，如实验试剂采购、专利申请费用、外部专家咨询费、中试车间设备租赁及运维费等。然而，账簿栏次却未能充分考虑这些明细分类，导致会计人员在记录费用时常常陷入困境。例如，在记录一笔高昂的进口实验试剂费用时，由于没有对应的"科研材料采购—特殊试剂"栏，会计人员只能将其笼统地记入"材料采购"栏，这不仅模糊了科研材料的关键属性，也使得成本分析时无法准确区分不同类型材料的消耗占比，对科研项目预算管控与成本优化造成了极大的阻碍。

这种栏次设计不合理的状况，使得会计人员在记录复杂业务时常常陷入两难的境地。一方面，难以找到合适的栏次进行准确记录，只能将业务费用强行挤入看似相近实则不符的栏次中，导致账簿数据从源头就开始失真。另一方面，为了弥补栏次缺失带来的信息漏洞，会计人员不得不额外添加备注信息来补充说明。这不仅增加了日常记账工作的负担，还需要会计人员花费额外的时间详细撰写备注，并确保备注与账目数据的关联性和准确性，以防后续查阅账目时产生误解。

从工作流程整体来看，这种栏次设计不合理的问题不仅增加了会计工作的复杂性和工作量，还可能因为信息记录不完整而引发后续的一系列问题。会计人员需要投入更多的精力在基础记账层面，无暇顾及深层次的财务分析与风险预警工作，且长期处于"疲于应付"的状态，容易引发职业倦怠，进一步降低工作效率。同时，信息记录不完整也如同在财务数据大厦下埋下了"定时炸弹"。在进行财务报表编制时，由于基础账目明细分类混乱，关键数据散落各处，极易出现数据遗漏、重复统计等错误，导致报表数据失准，无法真实反映单位的财务状况。管理层依据这样的错误信息进行决策，可能会误判单位的资金实力、成本结构以及盈利能力，从而做出错误的决策，如盲目扩大项目投资、不合理削减必要开支等，使事业单位在发展的道路上偏离正轨，陷入财务困境甚至面临运营危机。

3. 账簿格式在设计上的缺陷

1）栏宽过窄

以栏宽过窄为例，这绝非一个小麻烦。在处理涉及大额资金往来、精确到小数点后多位的财务数据时，会计人员常常面临书写困难。以某事业单位的工程建设项目资金账目记录为例，当需要记录原材料采购的单价、数量及总价时，由于栏宽限制，会计人员不得不将数字挤在狭小的空间内书写，导致字体缩小、笔画交错。这不仅降低了书写速度，还极易引发书写错误。一旦数字书写不清晰，后续的复核、审计人员在查阅账目时，就需要花费大量时间辨认，稍有不慎就可能误解数字含义，进而引发数据差错的连锁反应。

2）行距过密

行距过密则是另一大弊端。它使得文字和数字相互挤压，造成阅读困难。特别是在记录业务摘要、备注信息繁杂的情况下，这种弊端愈发明显。例如，一家文化事业单位在记录大型文艺演出的收支明细时，需要详细注明费用用途、演出环节及相关责任人等信息。然而，紧密的行距使得文字与数字、不同条目之间界限模糊，会计人员难以快速定位关键数据或核对业务全貌。这不仅增加了阅读难度，还容易导致信息误读，给账目核对带来极大困扰。

这些设计上的不足不仅给会计人员的书写工作带来不便，还容易引发数字串行、文字涂改等问题。数字串行在账目记录中堪称"致命伤"。由于栏宽和行距的不合理，会计人员在紧张忙碌的记账过程中，视线稍有偏移就可能将上一行的数字抄写到下一行，或在换行时遗漏数字，导致整列数据错位。这种错误一旦发生，就会在后续的账目汇总、报表编制环节引发数据连锁失衡，给财务管理带来极大风险。

3）文字涂改

文字涂改现象则进一步降低了账簿的可信度。过多的涂改不仅影响账簿的整洁美观，还容易让账目看起来杂乱无章，为不法分子篡改账目、掩盖财务问题提供了可乘之机。这不仅损害了账簿的严肃性和权威性，还可能引发外部审计的质疑，损害事业单位的信誉和形象。在对账环节，这些账簿格式设计上的瑕疵尤为突出。它们可能导致账目不符、资金流向不明等严重问题，给事业单位的财务管理带来极大困扰和风险。会计人员需要耗费大量精力去逐笔排查差错源头，追溯资金来龙去脉。但有时，即便反复核查，仍可能因原始记录的混乱而无法准确找出问题所在，导致资金流向成谜，账目始终无法平衡。这不仅影响了财务报表的及时性和准确性，让管理层无法依据可靠的数据做出科学决策，还可能因资金管理漏洞而滋生贪污腐败等违法犯罪行为，给单位造成难以挽回的损失。因此，优化账簿格式设计，消除这些"隐形障碍"，对于提升事业单位财务管理水平具有重要意义。

更为严重的是，会计账簿格式的不统一还可能引发一系列连锁反应。例如，由于不同账簿之间的信息难以对接，导致预算编制、财务分析等后续工作难以顺利进行。同时，这种不一致性还为财务造假、违规操作等行为提供了可乘之机，进一步加剧了事业单位的财务风险。

二、会计内部控制制度不完善

事业单位内部控制制度的滞后与不健全，已成为制约会计核算精确性的重要因素。面对市场经济的迅猛发展和财务管理理念的持续演进，部分事业单位未能与时俱进，对新兴的财务管理理念缺乏深入认知。在会计核算的实际操作中，这些单位依然固守传统的会计记账模式与粗放的管理制度，过度依靠人工经验判断，忽视了制度流程的体系化建设。特别是在资金审批环节，缺乏清晰、严格的分级授权机制，大额资金支出仅凭个别领导的口头指示便得以放行，未遵循规范的书面审批流程，导致资金流向失去有效监控，极易诱发财务风险。这种审批流程的缺失，不仅削弱了内部控制的有效性，也给会计核算的准确性带来了严峻挑战。同时，在预算管控方面，事业单位同样面临着制度缺失的问题。缺乏完善的预算编制、执行、监控与调整机制，使预算管理流于形式。预算编制过程往往草率从事，缺乏深入的市场调研与部门需求论证，导致预算数据与实际业务需求严重脱节。而在预算执行过程中，因缺乏必要的刚性约束，随意调整预算项目的现象屡见不鲜，从而使预算失去了对资源配置的导向与约束作用。这些内部控制的漏洞，使会计核算的根基变得脆弱，会计信息的准确性也就无从谈起。因此，加强事业单位内部控制制度的建设，已成为提升会计核算精确性的当务之急。

三、会计监督检查机制不力

当前会计体制的不足，直接削弱了与之紧密相连的会计监督机制的效能，使其难以有效承担起维护单位财务规范运作的职责。在日常会计核算工作中，由于缺乏一套全面、高效的监督检查机制，众多违规行为得以隐匿并持续存在，而未得到及时的纠正和处理。

（一）内部监督机制形同虚设

事业单位的内部监督机制，特别是内部审计部门，本应扮演着守护单位财务健康的"守门人"角色。然而，现实却揭示出一个令人担忧的现象：内部审计部门因缺乏必要的独立性，其监督力量犹如被无形的枷锁束缚，难以充分施展。

内部审计部门在事业单位中的独立性缺失，宛如一颗侵蚀公正根基的毒瘤。从组织架构层面剖析，众多事业单位的内部审计部门在人事任免、经费划拨等核心环节上，深受管理层的影响和控制。审计人员的职业发展、薪酬调整等，往往取决于管理层的决策与评判，这让他们在面对可能触及管理层利益的审计事项时，陷入左右为难的境地，顾虑重重。例如，在审计重大项目的资金使用情况时，一旦审计人员发现资金流动与项目初衷不符，或存在资金被挪用的迹象，他们往往会因担心得罪上级领导，影响自身职业发展，而选择保持沉默或轻描淡写地处理。这种对管理层意志的妥协，直接削弱了内部审计部门的客观性和公正性。

在会计核算领域，内部审计部门对于虚假报销、隐瞒收入、违规列支等明显违规行为，往往采取忽视或敷衍的态度。在虚假报销方面，个别员工利用管理漏洞，伪造发票、虚报费用，而审计人员或因受到上级"暗示"，或因担心影响人际关系，通常只是粗略审查便放过。对于隐瞒收入的行为，如业务部门私自截留资金形成"小金库"，内部审计部门未能运用专业手段进行深入调查，而是选择视而不见。同样，对于违规列支现象，如将私人消费列入办公费用等，内部审计部门也未能及时制止并督促整改。

这种内部监督的失效，无疑加剧了单位财务管理的混乱。一方面，违规行为得不到有效遏制，导致单位资金流失严重，资源配置能力受损。原本应用于提升服务质量、购置设备的资金被不法分子侵占，使得单位业务发展受阻，无法满足公众期望。另一方面，财务管理的混乱破坏了单位内部公平公正的氛围，让遵守规则的员工感到失望，而违规者却逍遥自在，形成恶劣的示范效应。最终，整个单位可能陷入恶性循环，面临巨大的财务风险和信誉危机，甚至可能受到监管部门的严厉处罚。

（二）外部监督力不从心

在事业单位财务管理的监督体系中，外部监督本应是一道坚不可摧的屏障，确保国有资产的安全和财务信息的真实可靠。然而，现实中的外部监督却面临着诸多困境与挑战，导致其难以充分发挥应有的监管作用。

首先，监督检查周期的冗长成为制约外部监督效能的关键因素。财政部门作为统筹地区财政资金分配和监管资金使用效益的重要机构，面对事业单位繁多的财务活动，往往只能按照既定规划，每隔数年才对特定单位进行一轮全面检查。以某地区为例，财政部门受人力、物力限制，对事业单位的例行财务大检查间隔时间长达三年，这意味着在漫长的等待期间，即便单位财务管理存在问题，也难以被及时发现。同样，审计部门在制订审计计划时，需综合考虑审计资源的调配和审计重点的筛选，通常也是以年度为单位进行，导致一些事业单位可能数年才会接受一次专项审计。这种长时间的监督空白，为违规行为提供了可乘之机，使得潜在的财务隐患得以暗中滋生和蔓延。

其次，监督覆盖面的有限性进一步削弱了外部监督的效果。随着事业单位数量的不断增加和业务多元化的发展，监管部门需要面对的监督对象愈发庞大和复杂。财政、审计部门受人力不足和专业分工的限制，每次监督检查只能选取部分重点单位或项目进行核查，犹如大海捞针，使大量事业单位在日常运营中仍处于监管的"盲区"。例如，在教育类事业单位的监督中，可能仅关注少数大型高校的专项资金使用情况，而众多中小学校、职业院校的财务管理状况则难以得到应有的关注。这种监督覆盖面的不足，使得一些单位存在侥幸心理，放松了对财务规范的要求，从而进行违规操作。

更为关键的是，外部监督多为事后监督，难以及时捕捉并遏制违规行为。财政部门通常是在事业单位完成年度预算执行、项目结项等关键节点后，依据上报的财务资料进行审核分析。此时，违规行为已经发生，损失已经造成。例如，某事业单位在科研项目执行过程中违规挪用科研经费购置与项目无关的办公设备，待财政部门年终决算审核时才发现问题，但资金已经被挪用，整改和追回资金都面临巨大困难，且对科研项目推进造成的负面影响已无法挽回。审计部门同样存在类似问题，多是在事后才对单位财务账目进行全面审查，等发现问题并出具审计报告时，违规行为可能已经持续数月甚至数年，因此错过了最佳的处理时机。

这种外部监督的滞后和不足，使得单位财务管理中的漏洞和问题得不到及时发现和解决。内外监督的双重缺失，如同两扇同时敞开的大门，让单位财务管理工作陷入困境。财务信息失真和国有资产流失的风险不断加剧，对管理层决策和单位发展造成了严重影响。一方面，财务信息失真导致管理层决策失误，基于错误数据制定的战略和资金分配计划偏离正轨，导致资源错配和错失发展良机。另一方面，国有资产流失问题愈发严重，违规处置资产、低价转让国有股权等行为屡禁不止，严重损害了国家和公众利益。因此，加强外部监督的效能和覆盖面，已成为当前亟待解决的问题。

四、会计从业人员素质偏低

部分事业单位的会计团队整体素质偏低，成为制约会计核算质量提升的又一显著瓶颈。众多会计人员专业知识匮乏，对于新颁布的会计准则、税收政策等了解不足。在实际的账务处理中，他们仍然沿用陈旧的会计手法，难以确保会计核算符合最新的法规标准。特别是在面对金融衍生工具核算、新收入准则应用等日益复杂的业务场景时，这些会计人员往往感到力不从心。除了专业知识的不足，部分会计人员对待工作缺乏严谨性，常常敷衍了事、粗心大意。在记账凭证的填制上，他们随意性强，摘要填写模糊不清，无法准确反映业务的真实情况。在账目核对环节，他们更是走过场，不认真比对明细账目与总账余额，导致账实不符的问题长期存在且得不到解决。这种专业素养与职业态度的双重缺失，使得会计核算错误频发、违规问题屡禁不止，给单位财务管理的健康发展带来了严重威胁。因此，提升会计团队的整体素质，加强对其专业知识和职业态度的培训与教育，已成为事业单位亟待解决的问题。

第二节　预算管理与控制现状

一、预算编制环节存在诸多弊病

预算编制环节作为预算管理流程的基石，其科学性和合理性直接关系到预算管理的整体效能。然而，当前众多单位在预算编制上暴露出的弊病，不仅影响了预算的有效性和实用性，更对单位的资源配置、运营效率乃至战略目标的实现产生了深远的负面影响。

（一）缺乏科学方法论指导

许多单位在预算编制上仍然沿袭传统的基数加增长模式，这种模式基于历史数据简单推算未来预算，而忽视了单位战略目标、业务发展规划以及内外部环境变化等重要因素。这种静态、僵化的预算编制方式，导致预算目标与实际运营需求严重脱节，使预算失去了应有的指导意义。具体来说，缺乏科学方法论指导的预算编制可能会引发以下问题：

1.资源配置不合理

预算未能准确反映各部门的实际需求，导致资源在部门间分配不均，一些关键业务领域可能因资金不足而无法得到充分支持。

一方面，预算编制过程犹如一场"闭门造车"的独角戏，财务部门独自承担起这一重任，与各业务部门之间缺乏深度且有效的沟通互动。以一家肩负着城市环境治理重任的事业单位为例，其业务涵盖了大气污染监测、水污染治理、固体废弃物处理等关键领域，每个领域的工作特性与需求截然不同。大气污染监测部门为了能够更精准地捕捉空气中各类污染物的动态变化，急需购置新型的高精度监测设备，这些设备不仅能大幅提升监测数据的准确性，还能实时传输数据，助力快速决策应对污染问题；水污染治理部门则面临着老旧处理设施的升级改造压力，需要投入大量资金用于引进先进的污水处理工艺以及更换关键零部件；固体废弃物处理部门随着城市的发展，处理量日益增大，迫切需要扩充场地、增加专业运输车辆以及招聘更多熟练工人。

然而，财务部门在编制预算时，若还是简单地套用以往的经验数据，仅仅基于历史支出基数做一些机械的增减调整，而没有深入到各个业务部门去实地调研、了解这些紧迫需求，就会导致预算严重偏离实际。可能会出现大气污染监测设备更新预算被大幅削减，原本计划替换的老旧监测仪器只能继续"超期服役"，从而使监测数据误差增大，无法为环境治理决策提供可靠依据；水污染治理项目因资金不足，先进工艺无法落地，处理效果大打折扣，难以达到日益严格的环保标准；固体废弃物处理部门则因场地扩充和车辆购置预算匮乏，频繁陷入垃圾积压、运输不及时的困境，给城市环境和居民生活带来诸多负面影响。

另一方面，缺乏科学方法论使得预算编制难以兼顾单位的长远发展战略与短期业务需求。一些具有前瞻性的新兴业务领域，本应是单位未来发展的新引擎，却在萌芽阶段就因预算"供血"不足而陷入困境。比如在科技飞速发展的当下，某科研事业单位意识到人工智能技术在其研究领域的巨大应用潜力，计划组建一支跨学科的人工智能研发团队，开展前沿课题研究，并购置配套的高性能计算设备和专业软件。但由于预算编制没有运用科学的预测方法，未能充分考量这一新兴业务的潜力与资金需求，而将有限的资金过度集中于现有的传统研究项目维持上，导致人工智能研发项目启动资金捉襟见肘，无法吸引顶尖人才加盟，设备和软件购置计划也只能搁置，错失了在新技术领域抢占先机的宝贵时机。

2. 运营效率下降

当预算未能精准对接实际运营需求时，它就像一道无形的枷锁，束缚了业务部门的灵活性与效率。以教育事业单位为例，面对新学期开设创新课程的计划，如人工智能编程启蒙和跨文化交流研讨，预算的短缺直接导致了一系列连锁反应。教材采购的滞后、教具配备的不足以及外聘专家费用的受限，使得教学准备陷入困境。教师们因资源匮乏而难以施展教学创意，课堂互动和教学质量大打折扣。同时，后勤保障部门也面临预算偏差带来的挑战，校园设施维护的预算被压缩，导致教学环境恶化，进一步干扰了正常的教学秩序。这一系列问题不仅降低了学生的学习体验和家长的满意度，也严重损害了学校的社会声誉，使得整个教育事业单位的运营陷入困境。

3. 战略目标偏离

预算目标与战略目标的脱节，如同航行中的船只偏离了航道，使得预算管理在推动战略实现上的作用大打折扣。在竞争激烈的文化市场中，事业单位的战略目标如同指引方向的灯塔，而预算则是实现这一目标的动力源泉。然而，缺乏科学方法论指导的预算编制，往往导致预算分配与战略目标之间的错位。

以一家专注于文化传承与创新的事业单位为例，其战略目标是通过挖掘本地特色文化资源、举办高规格文化活动以及培养专业文化人才来打造具有区域影响力的传统文化品牌。然而，在预算编制环节，由于未能将战略目标细化为具体的财务指标和阶段性任务，导致预算分配出现偏差，使其文化资源挖掘项目因资金不足而被迫中断，核心文化传承项目因预算倾斜至短期效益显著的流行文化演出而被忽视，人才培养计划也因资金匮乏而受阻。这一系列问题使得事业单位在实现战略目标的道路上渐行渐远，逐渐在文化市场中迷失方向，错失发展机遇，最终可能会逐渐变得平庸。

（二）部门间协作不畅

传统的预算编制过程往往缺乏部门间的广泛深入协作，财务部门在预算编制中唱"独角戏"，其他业务部门参与度极低。这种协作不畅的现象，导致预算数据无法全面、精准地反映各部门的业务细节和实际需求，进而引发一系列问题。

1. 预算数据失真

在事业单位的预算编制流程中，财务部门本应担当起精确"导航者"的角色，为单位的各项业务活动铺设合理的资金路径。然而，实际情况往往不尽如人意。由于缺乏对业务部门的深入洞察，财务部门在制定预算时常常只能依据有限的信息和主观臆断，犹如在迷雾中盲目航行，这直接导致了预算数据与实际需求之间存在显著的偏差，使得整个预算体系从起始阶段就存在"基础不牢"的问题。

以一家综合性医疗事业单位为例，其内部包含众多复杂且精细的业务科室，每个科室的运营特点、物资需求和资金流向都各具特色。从急诊科的紧急救治，到心内科的高难度介入手术，再到康复科的长期康复护理，每个科室都有其独特的资金需求。然而，财务部门若未能深入各科室进行实地调研，仅凭总账数据和粗略报表进行预算编制，必然会导致预算与实际需求严重脱节。

例如，急诊科日常需要储备大量的一次性急救耗材，这些耗材不仅用量巨大，而且因保质期限制需要频繁更新库存。如果财务部门不了解这一实际情况，仅根据历史支出数据进行简单预估，很可能会大幅低估新一年的耗材采购预算，从而在急救的关键时刻出现耗材短缺的情况，危及患者生命。

心内科在进行心脏介入手术时，高度依赖高端医疗设备。这些设备不仅购置成本高昂，后续的维护保养和配套耗材费用也相当可观。如果财务部门缺乏与心内科医生的深入沟通，不了解新技术的引进计划和设备更新换代的需求，就可能在预算中遗漏这些关键项目，导致科室在新技术推广和设备升级时面临资金短缺，从而延误患者治疗，阻碍科室发展。

康复科则侧重于患者的长期康复训练，需要配备专业的康复器械，并定期组织康复治疗师参加专业培训。如果财务部门对这些细节一无所知，仅凭主观判断编制预算，则会导致康复器械陈旧落后，无法满足患者的康复需求；同时，治疗师的专业技能也会因缺乏培训而停滞不前，科室的服务质量将大打折扣。

2. 预算调整频繁

在事业单位的财务管理架构中，预算本应作为一份前瞻且稳定的蓝图，为各项业务活动提供坚实的资金规划支撑。然而，当预算与实际需求严重脱节，一系列挑战便接踵而至，其中，预算调整的频繁性尤为凸显，犹如湖面不断被投石，扰乱了预算管理原有的和谐节奏。

由于预算未能精准对接实际需求，业务部门在执行过程中如同在荆棘中前行，不得不频繁申请预算调整。这不仅加重了单位内部的管理负担，增加了额外的管理成本，更如同一把利刃，严重削弱了预算管理的严肃性和权威性，动摇了其根本。

以一家专注于城市基础设施建设与维护的事业单位为例，其业务领域广泛，涉及道路修建、桥梁养护、排水系统优化等多个复杂方面，且每个项目都伴随着独特的资金需求变化。在道路修建项目中，原预算可能基于常规施工条件、材料价格及预设工程进度。然而，实际施工中却常遇意外情况。例如，地下管线复杂程度超出预期，迫使施工方调整挖掘方案，不仅增加人工成本和机械租赁时长，燃油消耗也随之攀升。财务部门在制定预算时，若未深入了解该路段地下管线详情，仅凭以往类似工程数据预估，将导致资金短缺。此时，施工部门为确保项目不中断，只能频繁向财务部门及上级申请预算调整，提交详尽报告说明突发情况及资金缺口。

桥梁养护项目亦面临类似困境。若养护期间发现桥梁主体结构存在未预见的病害，需紧急聘请专家检测评估，并采购特殊修复材料与专业设备，这些额外开支在原预算中未予考虑。业务部门因此不得不一次次启动预算调整流程，从申请、审批到沟通协调，耗费大量时间与人力。财务人员需暂停其他重要工作，核实情况、重新核算资金、调整账目，打乱了整体财务工作节奏。

排水系统优化工程同样难以避免预算与实际需求的冲突。在极端天气频发时，为提升排水系统应急能力，需临时增设大型排水泵站、扩大管网管径，涉及巨额资金追加。频繁的预算调整申请使管理层应接不暇，会议不断，决策周期延长，不仅延误项目推进时机，更使原本严谨的预算管理流程变得支离破碎。每次预算调整都如同在已构建的财务体系上进行"修补"，破坏其整体性和稳定性，严重损害了预算管理的严肃性和权威性。外界合作伙伴、监管部门对单位财务管理能力的质疑随之而来，影响单位声誉。

长此以往，事业单位内部将陷入恶性循环。业务部门因预算顾虑而不敢大胆创新；财务部门忙于应对预算调整，无暇顾及精细化管理和战略规划；管理层在混乱的预算环境中易做出错误决策，导致运营效率低下、资源浪费严重，最终在行业竞争中失去优势。因此，事业单位亟须重塑预算编制的科学性，加强预算执行的监控与反馈机制，确保预算与实际紧密结合，以破解预算调整频繁难题，实现稳健发展。

二、预算执行与控制乏力

在实际的财务管理运作体系中，预算执行与控制乏力这一顽疾给众多事业单位带来了深重的困扰与潜在风险。

（一）预算管理失控

在事业单位复杂多变的运营环境中，预算管理如同航行在波涛汹涌大海中的船只，必须时刻保持稳健，才能确保抵达既定目标。然而，当突发状况或临时性紧急任务来袭时，这艘"船只"却常常陷入狂风巨浪之中，使预算管理失控的风险陡增。其中，单位内部决策流程的混乱与预算权威性的丧失，如同船体上的裂痕，严重威胁着船只的安全。面对突发状况，单位内部的决策流程应如同精密的导航仪，指引我们穿越风暴。这要求我们严格遵循既定的规范流程，召集财务、业务、法务、风控等多部门的专业人员，共同构建一个全方位、多层次的决策支持系统。财务人员需精准把控资金流向和预算结构，评估突发任务对整体预算布局的冲击；业务人员需熟悉一线工作实际，预估任务执行所需的人力、物力投入；法务人员需从法律合规角度把关，审查紧急任务涉及的合同和法律事项；风控人员则需运用风险评估模型，提前预警突发任务可能引发的各类风险。

然而，现实却往往事与愿违。在突发状况下，单位内部的决策流程常常陷入混乱，如同失去了方向的船只，在风浪中盲目漂泊。个别领导可能仅凭主观判断或局部部门的片面需求，就草率地启动预算追加或调整程序。这种仓促决策的做法，如同在黑暗中盲目航行，极易导致预算管理失控。以某事业单位承担临时隔离点建设与物资保障任务为例。个别领导在未充分了解建设成本、物资采购渠道及后续运维费用的情况下，仅凭一时的紧迫感和对任务紧迫性的直观感受，便口头指示财务部门立即追加巨额预算。这种决策完全忽视了单位年度整体预算布局的合理性，导致财务部门只能匆忙调整账目，打乱了原本严谨有序的资金分配计划。又如某文化事业单位临时接到筹备高规格文化交流活动的任务。负责活动筹备的部门为追求活动效果，单方面提出超豪华方案，并直接向领导申请大幅预算上调。领导未组织多部门综合评估便应允下来，导致预算瞬间失控。这种做法不仅让前期经过精心编制和反复论证的预算方案失效，更使预算在全体员工心目中的权威性受到严重损害。

员工们看到预算如此轻易地被打破，开始对预算的严肃性产生怀疑。业务人员则开始随意超支以应对各种"突发状况"，认为最终都能通过临时追加预算解决问题。财务人员在执行预算监管职责时遭遇重重阻力，员工们对其依规审核支出的行为不再配合，甚至产生抵触情绪。这使得财务监管形同虚设，单位的财务管理陷入混乱无序的泥沼。

长此以往，单位的资金如同决堤的洪水般肆意流淌，资源被不合理地分配到各个未经审慎考量的突发任务中。关键战略项目因资金短缺而停滞不前，单位整体运营效率急剧下滑，发展战略目标也渐行渐远。更为严重的是，外界合作伙伴和监管部门对单位内部预算管理的乱象产生质疑，对其信任度大打折扣从而导致合作机会减少，监管压力增大，使单位面临内忧外患的艰难处境。

（二）预算执行监控缺失

有效的动态跟踪机制，本应如同财务管理的"眼睛"，为事业单位提供清晰的视野，引导资金在预定的轨道上稳健前行。然而，许多事业单位却未能建立起这样的监控系统，导致在日常运营中如同盲人摸象，难以准确把握预算执行的实际情况。

资金在缺乏监控的情况下，如同脱缰的野马，肆意奔腾于各个项目之间。一些非核心业务部门，可能出于局部利益的考量，擅自挪用原本分配给重点项目的资金，用于购置与业务提升无直接关联的高档设备或投入到市场前景不明的短期活动中。这些行为，不仅扭曲了单位的整体资源配置，更对单位的长期发展构成了潜在威胁。同时，由于监控机制的缺失，一些关键业务环节的资金拨付常常滞后，导致项目进度受阻。以科技创新研发单位为例，其核心科研项目在缺乏稳定资金支持的情况下，可能因实验设备停机、关键耗材供应中断而陷入停滞。科研人员虽心急如焚，却因缺乏有效的预警机制而求助无门，只能眼睁睁看着宝贵的研发时间被浪费。

随着时间的推移，预算执行过程中的问题逐渐累积，如同滚雪球般越滚越大。预算超支如同失控的洪水，不断侵蚀着单位的资金储备；项目进度滞后则成为常态，延误了产品上市的最佳时机，导致单位错失了一个又一个的发展良机。当期末决算来临，管理层才如梦初醒，意识到问题的严重性。然而，此时已经为时已晚。财务账目错综复杂，资金缺口难以弥补。违规支出、不合理费用混杂其中，如同千头万绪的乱麻，让人无从下手。事业单位只能在后续的运营中背负沉重的历史包袱，步履维艰地前行。其不仅要应对资金链紧绷带来的生存压力，还要花费大量精力去整顿内部财务管理乱象，重塑员工对预算制度的信任。在这一过程中，单位的发展活力逐渐消散，市场竞争力也大幅下降。内部员工士气低落，对单位的未来信心不足；外部合作伙伴则因单位财务状况的不稳定而纷纷观望，合作意向锐减。长此以往，事业单位若不及时补上预算执行监控这块短板，必将陷入更深的发展困境，甚至面临被市场淘汰的严峻挑战。

三、预算考核评价体系不完善

在当前事业单位的运营框架内，预算考核评价体系的缺陷已成为制约财务管理效能提升和阻碍单位稳健前行的一块显著"绊脚石"。

（一）量化指标缺失下的模糊评估

在事业单位财务管理的复杂棋局中，预算执行考核指标体系本应如同精准的"罗盘"，为衡量预算成效、校准发展路径提供坚实的支撑。然而，这一关键体系的缺失或不完善，却成为了制约预算管理水平提升的重大瓶颈，使其宛如海市蜃楼般遥不可及。

预算执行的成效涉及资金使用效率、项目完成进度、成本控制效果等多个核心层面，它们相互交织，共同勾勒出预算执行的复杂全貌。然而，由于缺乏精确且适宜的量化指标，对预算执行结果的评估就如同在没有度量衡的情况下试图衡量重量，只能徘徊在模糊地带，难以探寻到前行的正确方向，更无法精准衡量其真实价值与效果。

科研项目作为事业单位推动社会发展、提升自身实力的关键引擎，其预算执行的优劣直接关乎科研成果的产出与转化。在缺乏明确的科研成果转化率、经费投入产出比等量化指标的情况下，评估科研项目预算执行的优劣就如同驾驶一艘没有导航仪的船只在茫茫大海中航行，仅凭经验与直觉，难以确切了解资金是否真正用在关键之处，预算管理是否真正推动了科研目标的实现。科研人员可能耗费巨资购置先进设备、引进高端人才，但最终却未能产出与之相匹配的科研成果，而这些问题在缺乏量化评估的情况下被悄然掩盖。

同样，在项目完成进度层面，缺乏清晰的时间节点量化指标以及对应的进度完成度衡量标准，容易导致项目团队陷入拖延的困境。以某基础设施建设类事业单位承接的城市道路拓宽工程为例，原计划一年内完成主体工程建设，但由于缺乏月度、季度进度量化考核指标，施工团队前期节奏缓慢，人员、设备调配无序，最终导致成本大幅超支，以及影响工程质量。而管理层在缺乏精准进度数据的情况下，无法提前预判问题、及时介入调整，只能在问题出现后被动应对。

成本控制效果方面，同样因缺乏量化指标而陷入混沌。在一些文化活动举办项目中，虽然预算对场地租赁、演员酬金、宣传推广等各项成本有大致估算，但缺乏严格的成本变动范围量化指标以及成本效益分析指标。活动筹备团队可能会为了追求场面宏大、效果惊艳，肆意增加预算开支，最终导致成本远超预期，而文化传播效果并未得到相应提升，资金投入产出严重失衡。

这种缺乏科学依据的评估方式，使得预算执行效果变得模糊不清，不仅增加了管理层做出精准决策的难度，让他们如同在黑暗中摸索前行，极易做出错误判断，导致资源错配、发展方向偏离，使后续的优化改进阻碍重重。单位想要调整预算策略、优化资源配置，却因不清楚问题根源所在而无从下手。长此以往，单位的预算管理将陷入恶性循环，资金使用效率持续低下，项目推进举步维艰，最终在激烈的市场竞争或社会服务比拼中逐渐丧失优势。

（二）预算考核形式主义

缺乏有效的考核指标，使得考核人员面对堆积如山的财务账目和繁杂琐碎的业务资料时，感到无所适从，只能敷衍了事。在浏览账目资料时，他们如同走马观花，难以深入挖掘有价值的信息，更无法洞察其中细微却关键的资金流向异常和成本变动不合理之处。简单的常规问题询问，如"这笔支出是否有发票""项目进度是否按时推进"，也仅仅停留在表面，对于其背后隐藏的深层次逻辑矛盾和潜在风险隐患则视而不见。因此，他们草率地给出的考核结论，缺乏深度和精准度，完全是为了完成仟务而敷衍塞责的产物，无法真实且全面地反映预算执行过程中的亮点与不足。

与此同时，奖惩措施的形同虚设更是雪上加霜，给员工参与预算执行的热情泼了一盆冷水。在奖惩不分明的环境中，员工的积极性被严重削弱，仿佛失去了前进的动力源泉。那些严格遵守预算规划、精打细算使用资金的员工，他们的努力和付出得不到应有的认可与奖励。他们精心优化项目流程、合理调配资源，力求以最少的投入换取最大的产出，但在缺乏荣誉表彰和物质激励的情况下，他们的热情逐渐冷却，甚至开始怀疑自己坚守原则的意义。相反，那些随意挥霍预算、造成资金浪费的行为却得不到应有的惩罚。有些员工为了图一时之便，在业务出差时选择超豪华酒店住宿，在项目采购中盲目追求高端设备，导致大量资金被浪费。然而，由于单位缺乏有力的奖惩机制，这些违规行为如同野草般肆意生长，没有得到应有的遏制。长此以往，员工对待预算执行的态度自然变得敷衍草率。大家都抱着一种"做与不做一个样，做好做坏一个样"的消极心态，不仅不再用心去优化预算执行方案，也不再关注资金使用效率的提升。项目进度拖沓、成本超支成为常态，单位的整体运营效率急剧下滑。在激烈的市场竞争或社会服务比拼中，单位越发显得力不从心，甚至面临被淘汰的风险。

从整个预算管理流程的角度来看，这种考核与奖惩机制的双重缺失，直接割裂了预算管理体系闭环的关键纽带。预算管理本应是一个紧密相连、持续优化的动态循环，从编制、执行到考核评价，再依据评价结果反馈进行调整，如此往复，不断提升管理水平。然而，由于缺少了考核评价环节的有效驱动，单位就如同在原地踏步，既缺乏发现问题、剖析根源的敏锐洞察力，又缺少改进优化、勇往直前的强大动力。没有精准的考核反馈，管理层就无法有针对性地调整预算策略、优化资源配置；员工也难以在实践中总结经验教训、提升预算执行能力。如此一来，预算管理水平便深陷低效的泥潭难以自拔，单位的发展也在无形中被重重束缚，错失了许多宝贵的成长机遇。

第三节　成本控制与资产管理现状

一、成本控制意识不强

成本控制对于事业单位稳健发展和实现可持续发展目标而言，无疑是一块至关重要的"压舱石"。然而，遗憾的是，部分事业单位在成本控制方面却表现得相当懈怠，其成本控制意识犹如一盏未曾被点亮的灯火，昏暗不明。

从单位整体战略规划的角度来看，成本控制理念并未被真正融入其中。管理层在制定发展蓝图、规划业务板块拓展时，往往只关注业务规模的扩张和项目成果的获取，却忽视了成本这一隐性但至关重要的因素。这好比建造高楼大厦时，只一味追求楼层的高度和外观的华丽，却未充分考虑建筑材料的合理选用和施工流程的优化精简，从而为整个项目埋下了成本失控的隐患。

（一）日常运营

在事业单位的采购环节中，由于缺乏严格的成本控制意识，采购人员往往如同在迷雾中摸索前行，缺乏明确的方向感。面对众多供应商和复杂的报价，他们未能进行深入的市场调研，也未综合评估供应商的信誉和售后服务等关键因素，仅凭直觉或简单的价格对比就草率做出决定。这种短视行为为单位带来了诸多不必要的损失，成为事业单位发展的隐形绊脚石。

以某事业单位采购办公家具为例，采购人员在一开始就未能制订严谨的采购计划，未明确办公区域的布局、人员数量以及实际功能需求。在挑选家具时，他们盲目跟风，缺乏针对性。面对市场上琳琅满目的供应商，他们未花费时间去走访不同的卖场、了解线上线下的价格差异，也未向同行业其他单位取经，汲取其在采购过程中的经验教训。在收到几家供应商的报价单后，他们仅仅简单地对比了一下价格数字，便仓促决定与报价略低于平均值的供应商合作，完全忽视了产品的材质、工艺细节以及成本效益分析。事实上，不同材质的办公家具在耐用性、环保性以及外观质感上存在着显著差异，工艺的精细程度也直接影响着家具的使用寿命和使用舒适度。该事业单位由于未对不同材质、工艺的产品进行深入分析，导致最终选择了价格高昂且质量并非最优的供应商，采购成本无端增加了近20%。同时，由于采购前未对供应商的信誉进行考察，后续的家具配送、安装以及售后维修环节问题频出，严重影响了员工的正常使用和单位办公区域的装修进度。

类似的情况在采购其他项目时也屡见不鲜。在采购办公用品时，采购人员不关注纸张的克重、墨盒的打印量等关键指标，只看价格高低，结果导致综合使用成本大幅攀升。在采购设备时，他们不考虑设备的能耗、维护成本以及与现有系统的兼容性，只追求价格便宜，后续使用过程中才发现设备耗电量大、频繁故障需要高额维修费用，还与单位原有的办公系统不兼容，需要额外投入资金进行改造。

（二）使用环节

在使用环节，事业单位正面临一场无声的"内耗风暴"，资源浪费现象触目惊心，给单位的成本控制带来了前所未有的挑战。

一些员工将单位办公用品视为私人物品，随意领用甚至带回家中，这种行为不仅违背了职业道德，更是对单位资源的直接侵占。以打印纸为例，个别员工为了满足个人打印需求，大量领取纸张，导致办公业务用纸储备紧张，影响了正常办公。中性笔、笔记本等文具也常被私自占用，使得其他员工在工作时面临文具短缺的困境，办公效率大打折扣。

公共区域的水电消耗同样毫无节制。办公室灯火通明却空无一人，空调在无人时依然运转，水龙头长流不止。每晚下班后，走廊、会议室等公共区域依旧亮着灯光，仿佛在进行一场无声的"灯光盛宴"。这些被无端浪费的电能和水资源，日积月累之下，形成了一笔不小的开支，给单位的成本控制带来了巨大压力。

据不完全统计，一个中等规模的事业单位，仅因办公用品的不合理领用和公共区域水电的浪费，每年的额外支出就可达数万元。这些资金原本可以用于购置新设备、改善办公环境或提升员工业务能力，但现在却白白流失。

在维护环节，事业单位同样面临着成本效益观念的缺失。一些设备设施本可以通过定期的预防性维护和简易自修来延长使用寿命并降低维修成本，但部分单位却选择在设备出现故障后，不惜花费重金聘请外部专业维修团队进行大修或更换新设备。以办公电脑为例，当电脑出现轻微故障时，单位没有安排内部技术人员进行初步排查和修复，而是直接联系专业维修公司。维修人员上门后，即便只是进行简单的软件优化和数据清理，也往往收取高额费用。当电脑出现硬件故障时，单位也没有考虑对旧设备进行评估和修复利用，而是直接更换全新的电脑，这不仅浪费了旧设备的剩余价值，还增加了采购成本和电子垃圾的产生。

同样，在大型办公设备如打印机、复印机方面，单位也缺乏定期的维护保养计划。这些设备在长时间使用后容易出现故障，如果能够定期进行清洁、调试和更换易损部件，本可以有效减少故障发生频率。但实际情况是，单位往往在设备彻底损坏后才匆忙联系厂家售后进行维修，不仅花费大量资金，还耽误了正常办公业务。

这种行为无疑进一步加剧了单位成本的上升态势。长此以往，单位运营成本的"雪球"将越滚越大，可用于发展核心业务的资金被不断挤压。在激烈的市场竞争或行业比拼中，单位将逐渐失去优势，陷入发展困境。

二、资产管理混乱

在资产管理的战场上，部分事业单位正面临着前所未有的挑战，各种问题交织在一起，如同一道厚重的迷雾，严重阻碍了资产效能的发挥，不断侵蚀着单位的"家底"。

（一）资产信息模糊不清

1.资产清查盘点机制的缺失

缺乏全面且系统的资产清查盘点机制，就如同在单位资产管理的根基上安装了一颗"定时炸弹"，是导致资产信息模糊不清的首要根源。在复杂的运营实践中，多种因素相互交织，使得这一至关重要的工作被边缘化，甚至被忽视。

从人力资源配置的角度来看，单位内部可能缺乏专业的资产清查人员。现有的财务或后勤团队往往身兼多职，他们在应对繁重的日常业务时，已经捉襟见肘，难以再抽出精力去处理烦琐而细致的资产清查盘点工作，只能勉强应付，敷衍了事。

在物力资源方面，缺乏先进的清查设备与工具也是一大难题。比如，精准的资产扫码识别仪、高效的库存管理软件等现代化工具未能得到广泛应用。面对海量资产时，如果仅靠人工手动记录与盘点，不仅效率低下，而且极易出现差错和遗漏。

此外，时间的紧迫性也给资产清查盘点工作带来了巨大压力。每当业务旺季来临，各部门都全力以赴冲刺业绩指标，此时，资产清查盘点工作往往被无限期推迟，被视为一项可有可无的"边缘任务"。

这些因素的共同作用，使事业单位如同在茫茫大海中迷失方向的船只，失去了对自身资产真实状况的掌握。财务账面资产信息与实际资产逐渐脱节，二者之间的鸿沟越来越深，为后续的管理困境埋下了深深的隐患。这不仅会导致资源浪费和效率低下，还可能为单位的稳健发展带来严重的制约和阻碍。

2. 账面资产与实际资产的脱节

清查盘点机制的严重缺陷，直接导致了账面资产与实际资产之间出现了触目惊心的脱节。

一方面，那些早已被淘汰、失去利用价值，甚至已被报废或遗失的资产，却如同"不死幽灵"，依然顽固地留在财务账面上，继续扮演着误导性的角色。它们就像隐藏在资产体系中的"寄生虫"，不断吞噬着宝贵的财务资源，使得那些真正需要资金支持的关键项目得不到及时的滋养。当管理层基于这份充斥着"幽灵资产"的账目做出决策时，就如同在黑暗中摸索，极易制定出与实际情况严重不符的战略规划，从而将单位引向错误的发展道路。

另一方面，新购置资产的入账过程也是困难重重。可能是由于采购流程与财务流程之间的衔接不畅，导致信息传递出现断层；也可能是因为新员工对入账流程不熟悉，未能及时提交完整的资料，使得这些本应成为单位发展新引擎的资产，仿佛被卷入了一个无形的"漩涡"，在资产总量的统计中消失得无影无踪。这就比如一个人对自己的财务状况一无所知，资产管理变得杂乱无章，每一步都可能隐藏着未知的风险和不确定性。在这种混乱的资产管理状态下，单位随时可能因为资产调配的失误而陷入运营危机，面临严峻的挑战。

3. 资源配置和利用的障碍

资源配置和利用的障碍，因资产信息模糊不清而变得尤为突出，这一问题如同一道无形的墙，将单位的发展潜力牢牢封锁。管理层在制定战略、规划项目、分配预算等关键决策过程中，必须依赖准确、全面的资产信息作为支撑。然而，当资产信息模糊不清时，管理层就如同在迷雾中航行，难以把握单位资产的真实状况，进而难以做出科学合理的决策。

（1）导致资源浪费

信息的不透明性如同一个深不见底的黑洞，不断吞噬着事业单位宝贵的资源，导致资源的极大浪费。管理层在缺乏准确了解资产实际状况和使用效率的情况下，如同在黑暗中摸索，仅凭有限且可能错误的信息做出决策。这种信息不对称可能会引导他们将资金投入过时或低效的资产，误以为这些资产仍具有发展潜力。例如，某事业单位在未准确评估办公设备老化程度和技术更新需求的情况下，盲目地投入大量资金为老旧电脑进行维修和简单升级，而这些电脑因硬件架构落后，即便投入资金，性能提升也微乎其微，无法满足现代办公软件的运行需求。与此同时，单位内的新兴业务部门急需先进的专业设备来拓展业务和抢占市场，却因资金被错误分配而错失发展良机。

这种浪费不仅限于资金，还涉及人力和物力资源。在人力资源方面，由于管理层对资产配置情况不明，一些本应精减或优化的部门继续保留过多人员，导致员工工作不饱和，精力分散，个人工作效率降低，人力资源闲置。在物力资源方面，过时设备和物资长期占据仓库空间，不仅需要定期维护保养，还占用了大量物理存储空间，而这些设备和物资实际上已失去使用价值，却因信息不畅无法及时清理处置，进一步加剧了物力资源的浪费。

这种资源配置的混乱无序状态，会导致各部门发展失衡，整体运营效率低下，使事业单位在市场竞争或社会服务领域逐渐失去优势，甚至面临被淘汰的风险。因此，打破资产信息的不透明壁垒，建立清晰、准确、实时更新的资产信息管理系统，已成为事业单位亟待解决的核心问题。只有实现资产信息的透明化，才能为资源的合理配置和高效利用提供有力支持，帮助事业单位重振发展活力，迈向成功之路。

（2）导致资源的闲置

资产信息的模糊犹如事业单位运营体系中的隐形绊脚石，悄无声息地阻碍着单位的前进步伐，使其在资源利用的道路上偏离了高效轨道，一步步滑向低效的深渊。

在事业单位内部，一些极具潜力的部门或项目可能因资产信息的缺失或错误而被遗忘，宛如被尘封的宝藏，无人问津。以一家综合性科研事业单位为例，其前沿科研项目如量子通信、基因编辑等，亟须高度专业化的实验设备和跨学科人才团队的支撑。然而，由于资产信息管理的混乱，这些宝贵的资源往往被埋没。实验设备登记册未能及时更新，导致一些可再利用的高端设备被误认为已报废或闲置无用；而具备跨学科知识背景的复合型人才，也因个人信息在资产信息库中的错误录入，被误置于常规性、基础性的研究岗位，无法发挥其真正的价值。

管理层在规划资源分配时，若基于错误的资产信息，便可能完全忽视这些潜在资源的存在，导致资源被无端闲置。那些高精度实验仪器，本可成为新项目突破技术难关的关键，却因信息误导而被遗忘在仓库角落，逐渐失去光泽。而那些才华横溢的科研人员，也因信息错误被埋没，无法为前沿项目注入创新动力，其才华与时间被白白浪费。

这种资源的闲置不仅是对资源本身的极大浪费，更如同多米诺骨牌效应，引发了一系列连锁反应。一方面，资源的长期未使用使得单位的前期投入化为乌有，资金的时间价值被彻底忽视，单位的发展潜力被严重削弱。例如，那些高端实验设备的购置费用高昂，却因闲置而无法产生任何科研成果，资金的投入未能带来相应的价值回报。另一方面，资源的长期闲置还可能引发一系列维护和管理问题，进一步增加单位的运营成本。闲置设备需要定期保养维护，以防止生锈、损坏等问题的发生，这无疑需要投入额外的人力、物力和财力。同时，对于闲置的人力资源，单位仍需支付工资、福利等成本，却无法获得相应的工作产出，导致人力资源成本的虚高。

长此以往，事业单位内部资源错配现象愈发严重，各部门之间发展失衡，整体运营效率如同陷入泥潭，难以自拔。在激烈的市场竞争中，事业单位逐渐失去优势，甚至面临被淘汰的风险。因此，构建精准、实时、全面的资产信息管理系统，加强资产清查与信息更新，确保每一项资源都能在合适的岗位上发挥最大效用，已成为事业单位摆脱困境、实现可持续发展的关键所在。

4. 潜在的不法行为风险

在资产信息模糊的环境下，一些心怀不轨的人员可能会趁机虚构资产。他们可能通过篡改账目、伪造凭证等手段，将不存在的资产纳入单位资产体系，从而非法占有这些"虚构"的资产。这种行为不仅直接损害了单位的财产权益，还可能导致单位在面临财务审计或法律诉讼时陷入被动境地。此外，资产信息的模糊还可能为挪用公款等违法活动提供可乘之机。一些不法分子可能会利用资产信息的不透明性，将公款私自挪用或用于个人消费。这种行为不仅违反了财经纪律，还可能导致单位资金链断裂，严重影响单位的正常运营和发展。更为严重的是，资产信息模糊不清还会引发其他更为复杂的违法活动。例如，一些人员可能会利用这一漏洞进行关联交易、利益输送等违法行为，从中牟取私利。这些行为不仅严重损害了单位的利益，还可能引发严重的法律后果，如被监管部门处罚、面临刑事诉讼等。除了法律后果外，资产信息模糊不清引发的不法行为还会对单位的社会形象造成极大的损害。一旦这些违法行为被曝光，单位的声誉和信誉将受到严重打击。

（二）权属不明

权属关系的模糊不清，就像是一丛潜伏在阴影中的荆棘，深深刺痛着单位资产管理的核心脉络，又如同在资产管理的关键路径上精心布置了一系列"地雷"，稍有疏忽，就可能触发剧烈的动荡，随时可能点燃纠纷的导火索，将单位的资产安全推向危险的边缘。

1. 流转环节问题

（1）采购合同条款模糊

在事业单位资产采购这一关键环节中，采购合同作为保障双方权益的法律文书，其条款的明确性至关重要。然而，在现实中，关于资产所有权转移、复杂设备零部件权属以及软件升级服务权益归属的条款，往往如同迷雾中的路标，模糊不清，为后续操作埋下了重重隐患。

1）所有权转移时间点模糊：法律纠纷的导火索

在采购合同中，资产所有权转移的具体时间点，常常成为双方争议的焦点。一方可能秉持传统观念，认为款项结清即代表所有权转移；而另一方则可能以货物交付为基准，认为只要货物到手，所有权便随之转移。这种模糊性如同隐藏在合同文本中的"定时炸弹"，一旦触发，便可能引发激烈的法律纠纷。以某事业单位购置专业摄影设备为例，因合同中对所有权转移条款表述不清，导致单位在支付大部分款项后，仍无法顺利接收设备，供应商则以尾款未清为由拒绝发货。这不仅延误了单位的科研进度，更因双方各执一词，使得原本良好的合作关系濒临破裂，法律诉讼的风险陡增。

2）复杂设备零部件权属混乱：维护管理的绊脚石

对于复杂设备而言，其零部件的权属问题更是复杂难解。这些设备内部构造精密，零部件众多，且价值不菲，若采购合同中未对零部件权属进行明确约定，一旦设备出现故障需要更换零部件，便可能陷入混乱。以高端核磁共振成像设备为例，其主机及零部件价格高昂，且使用寿命、更换频率各异。若合同中对零部件权属未作清晰的界定，当更换零部件时，供应商便可能会抓住漏洞，漫天要价，要求单位额外支付高额费用。这不仅增加了单位的运营成本，更对设备的正常使用、维护管理造成了极大困扰。

3）软件升级服务权益归属不明：技术进步的绊索

随着技术的不断发展，软件升级服务已成为资产采购中不可或缺的一部分。然而，采购合同中对于软件升级服务权益归属的约定，往往模糊不清，为后续操作埋下了隐患。以智能交通管理系统为例，其软件升级对于提高预测精准度、优化交通疏导至关重要。但若合同中未明确单位是否享有免费软件升级权益，以及升级的期限、范围等关键要素，供应商便可能会以技术研发成本增加为由，向单位提出高额的升级费用要求。这不仅增加了单位的运营成本，还可能因系统落后而无法满足交通管理需求，引发市民不满。在企业资源计划（ERP）软件领域，同样存在类似的问题。若采购合同未清晰界定软件升级服务权益归属，当供应商推出新版本时，双方便可能对升级服务的归属和使用权产生争议。这不仅破坏了双方合作关系，更使得企业在数字化转型道路上步履维艰，无法借助软件升级提升管理效率。

（2）模糊条款带来的连锁反应

1）法律纠纷频发

以某科研创新事业单位为例，为了推进前沿课题研究，该单位采购了一批高精度实验设备。然而，采购合同中关于资产所有权转移的条款却表述模糊，仅笼统提及"在适当条件下完成交接"，却未具体说明何为"适当条件"。单位按惯例在设备初步调试后支付了大部分款项，期待着设备能迅速投入关键实验，推动科研进展。然而，供应商却坚持认为，只有在尾款全额到账且经过他们再次核验无误后，资产所有权才会转移，并因此拒绝提供后续技术支持和关键零部件更换服务。双方多次协商未果，矛盾日益激化，最终走上了法律维权的道路。在此过程中，单位不仅需要投入大量时间和精力收集证据、聘请律师，还要应对烦琐复杂的诉讼程序，法律成本急剧上升。每一次开庭、质证，都意味着科研人员需要从繁忙的实验中抽身，配合法务流程，导致科研进度受到严重影响。更糟糕的是，一旦法律纠纷的消息传出，单位的声誉和形象将大打折扣。合作伙伴在听闻此类纠纷后，会对单位的采购管理能力产生怀疑，在未来的合作项目中会更加谨慎，甚至选择回避；投资者在看到单位陷入合同纠纷后，也会担忧资金的安全性和回报率，从而对投资计划进行重新评估，导致单位在资金募集、项目拓展等方面遭遇重重阻碍。这种由合同条款模糊引发的法律纠纷，就像"多米诺骨牌效应"，起初看似只是合同中的小问题，但最终却给单位带来了全方位的负面影响，严重损害了单位的声誉和形象。

2）资产使用效率低下

资产所有权、零部件权属及软件升级服务权益的争议，犹如给资产的正常运作戴上了重重的镣铐，导致资产难以得到有效利用或维护。以一家专注于文化艺术传播的事业单位为例，该单位购置了一套尖端舞台灯光音响设备，旨在提升各类大型文艺演出的效果。然而，采购合同中关于设备零部件权属的界定模糊不清，当一场重要演出即将来临，关键灯光配件突发故障急需更换时，单位陷入了进退维谷的境地。供应商声称这些配件属于额外销售商品，不在设备保修范围内，要求单位支付高昂费用购买；而单位则担心擅自采购可能违反模糊的"权属约定"，进而引发更多法律纠纷，因此只能与供应商反复沟通，试图达成和解。在这一过程中，宝贵的时间被悄然消耗，演出筹备工作被迫停滞，设备如同虚设，无法发挥其应有的舞台效果。同样，在软件升级服务领域，一家科技研发类事业单位也遭遇了困境。他们采购了一套专业的数据分析软件，以应对日益复杂的科研数据分析需求。然而，随着行业技术的迅猛发展，软件急需升级。但由于采购合同未明确软件升级服务权益的归属，供应商以升级成本增加为由，拒绝为单位提供免费升级服务，要求单位支付额外的费用。单位因预算所限，无法满足供应商的要求，只能继续使用旧版软件。这导致科研人员在处理数据时效率低下，原本可以快速完成的分析任务变得耗时费力，不仅延误了科研项目的进度，还可能错失科研成果发表的最佳时机，对单位的业务运营造成了极其不利的影响。

3）资源浪费与闲置

采购合同条款的模糊所引发的争议与纠纷，犹如打开了一扇通向资源浪费与闲置的"无底深渊"，使得一些本可助力单位业务发展的资产无法得到有效利用。以某事业单位为例，为了优化办公环境，该单位采购了一系列新型智能办公设备，涵盖了智能会议系统和智能考勤设备等。然而，采购合同中却未对软件升级服务的权益归属做出清晰界定。当单位计划对智能会议系统进行软件升级，以适应新的远程协作需求时，与供应商在升级费用问题上陷入了激烈的争执。供应商坚持要求单位支付高额费用，而单位则认为这一要求不合理并拒绝支付，双方因此陷入了僵局。

随着时间的推移，这些原本先进的智能办公设备因软件无法及时升级，功能逐渐变得陈旧，无法满足日常办公的新需求，最终被闲置在角落，蒙上了厚厚的灰尘。为了维持日常办公的顺畅进行，单位不得不额外投入资金购置临时替代设备，这不仅造成了资金的浪费，还使得这些闲置资产占据了宝贵的办公空间，导致办公场地变得拥挤不堪，进一步影响了员工的工作效率和单位的整体运营氛围。这种因合同条款模糊导致的资源浪费与闲置问题，无疑给单位带来了沉重的负担和不必要的损失。

4）影响单位形象与信誉

采购合同条款的模糊所带来的法律纠纷与资产使用效率低下等问题，犹如一片乌云笼罩在单位之上，对单位的声誉与信誉构成了严峻挑战。这些问题不仅会导致合作伙伴与投资者的信任度大幅下降，还可能深刻影响单位的业务发展与市场竞争力。以在行业内享有盛誉的某事业单位为例，该单位一直以其严谨高效的管理形象著称。然而，一次因采购合同条款模糊而与供应商发生的法律纠纷，却瞬间打破了这一良好形象。该事件引起了新闻媒体的广泛关注与报道，外界对此议论纷纷。合作伙伴开始重新审视与该单位的合作关系，一些长期合作项目的续约谈判因此陷入僵局，新的合作意向也变得寥寥无几。

投资者更是对该单位的管理能力产生了严重质疑，原本计划投入的资金也纷纷撤回，导致其在新项目研发、市场拓展等方面陷入了资金短缺的困境。单位内部员工也深受影响，士气低落，对单位的未来发展信心不足，人才流失的风险进一步加剧。曾经的优势地位如今岌岌可危，单位只能在困境中艰难求生，努力寻求重拾昔日辉煌的道路。这一系列连锁反应，充分展示了采购合同条款模糊所带来的严重后果与深远影响。

2. 资产划转环节

资产划转环节，如同航行在未知海域的船只，随时可能遭遇暗礁，使事业单位在资产优化配置的航道上遭遇重重挑战。无论是为了促进内部资源协同共享、提升整体运营效率而进行的部门间资产调配，还是为了响应上级主管部门统筹安排、实现区域资源合理布局而进行的跨单位资产划转，这些本应严谨且有序的资产流转过程，却时常陷入混乱与无序之中。

在实际操作中，资产划转往往依赖于口头通知或简单的书面指令，犹如在构建高楼大厦时仅使用松散的砖块堆砌，缺乏坚实的基础。正式的资产划转协议的缺失，使这一过程如同失去了导航的船只，迷失了方向。这份协议本应成为资产流转的"航海图"，明确资产的来源与去向、流转的时间节点、质量验收的标准以及各方的权责义务。然而，现实却是这份"航海图"的空白，导致资产交接的模糊性，无论是实物交付还是手续办理完毕，都缺乏明确的界定；资产的质量验收流程也缺乏统一标准，对于潜在的瑕疵与损耗难以认定与处理，更无从谈起对划转过程中可能遭遇的风险进行规定与预防。

资产清单的粗制滥造，更是为资产流转增添了层层迷雾。它未能准确反映资产的当前状态、维护责任及未来归属预期，使得资产在流转过程中如同披上了一层神秘的面纱。以某大型综合性事业单位为例，在部门重组过程中，涉及大量办公设备与专业仪器的划转。然而，资产清单上仅简单罗列了设备的名称与型号，对于设备的运行状态、故障隐患、零部件磨损程度等关键信息一概未提；维护责任也模糊不清，原使用部门与接收部门在维护交接上相互推诿；至于资产的未来归属预期，更是缺乏明确的规划。

这种轻率的做法使得资产如同断线的风筝，在流转过程中失去了控制。一旦出现问题需要追究责任，或是面临新的资源整合需求时，各方便开始相互推诿，资产权属问题成为了难以解决的问题。在跨单位划转场景下，这一问题更为凸显。某地区教育主管部门在均衡教育资源的过程中，对辖区内学校的教学设备进行统一调配。然而，由于缺乏正式的协议与精细的清单，接收学校在后续使用中发现部分器材老化严重、无法正常使用。当试图联系原学校协商解决时，原学校以划转指令已下达为由拒绝承担责任；而当主管部门试图统筹管理这批资产时，也因权属不明而难以推进工作，导致珍贵的教学资源闲置浪费，教学工作受阻，师生的教学体验大打折扣。

在单位内部，类似的情况也屡见不鲜。如某科研单位在课题组间进行资产调配时，由于手续草率，导致对于共享设备的使用权限、维护分工等产生争议。科研人员不得不耗费大量精力在内部协调上，科研进度因此被延误，创新活力受到抑制。长此以往，不仅资产无法实现高效利用，单位的运营成本还会因纠纷处理、重复购置等问题不断攀升，整体发展也会因资源错配、内耗严重而陷入困境。

3. 接受捐赠问题

在接受捐赠这一本应洋溢着温情与善意的环节，实则暗流涌动，潜藏着诸多挑战，如同平静的湖面下隐藏着汹涌的波涛，随时可能冲击事业单位资产管理与运营的稳固基石。以一家致力于科研创新的事业单位为例，当其以满腔热忱接受企业捐赠的专业设备时，本以为这是助力科研飞跃的宝贵机遇，却不料因操作过程中的疏忽大意，在捐赠协议这一法律保障的关键节点上留下了重重隐患。

一方面，权属变更条款的模糊表述，让整个捐赠流程笼罩在不确定的阴影之中。设备所有权的归属问题从一开始就显得扑朔迷离，究竟是设备抵达受赠单位、经初步检查无误之时，还是需要等待烦琐的产权登记手续全部完成，各方对此各执一词。当科研人员满怀期待地准备开箱调试、投入科研攻关的关键时刻，却因对所有权归属的疑虑而犹豫不决。一旦贸然使用，若捐赠企业事后以所有权尚未正式转移为由要求索回设备，科研进程势必将遭受严重挫折，前期投入的人力、物力及宝贵时间都将化为乌有。

另一方面，使用权限的界定也令人捉摸不透。受赠单位能否自由地将设备转借、改造以拓展业务，这一关键问题悬而未决，极大地制约了设备的潜在价值发挥。对于科研单位而言，研究方向的动态调整与跨领域合作的日益频繁，使得设备的转借与改造成为突破科研瓶颈、推动创新成果转化的重要途径。例如，某项前沿科研项目急需与外部专业机构携手攻关，若能将受赠设备转借至合作方，借助其独特的技术优势与实验条件，无疑将加速科研成果的落地。然而，由于捐赠协议对此未予明确规定，单位不敢轻举妄动，生怕触碰潜在的协议红线，错失发展良机。

更为严重的是，双方对于意外情况下的处置方式也未能达成共识，这无疑是在资产运营的脆弱链条上又撤去了一道"防护网"。当捐赠企业因市场动荡、经营不善而陷入危机，这一突如其来的变故如同一场风暴，猛烈冲击着原本看似稳固的捐赠关系。捐赠企业为自救而试图回收一切可变现资源，包括已捐赠的设备，双方因此陷入了一场漫长且复杂的法律纠葛。受赠单位据理力争，强调自身已基于对捐赠的信任投入大量科研资源，设备已成为日常研究不可或缺的一部分，若被收回，不仅科研项目将陷入停滞，前期的心血也将付诸东流；而捐赠企业则依据协议漏洞，坚持自身有权收回资产以缓解困境。

这场纠纷不仅消耗了双方大量的时间、精力与金钱，使原本应用于科研创新的宝贵资源被无谓地投入到法律争端中，还对双方的声誉造成了不可估量的损害。受赠单位在科研领域的公信力受损，合作伙伴对其严谨性产生怀疑，潜在的捐赠与合作机会可能因此大幅减少；捐赠企业在商业圈中的形象也大打折扣，被视为捐赠管理不善、缺失契约精神，影响其未来的社会责任履行与商业发展。

为了理清这纷繁复杂的权属关系，单位不得不抽调大量精英人员组成法务、财务、业务联合专项小组，四处奔波搜集证据、咨询专家、应对诉讼，耗费了大量的人力资源；频繁的差旅、资料复印、专家聘请等费用如同流水般支出，物力消耗巨大；而聘请专业律师团队、缴纳诉讼费用等直接的财务开支更是让单位财务雪上加霜。更为严重的是，在纠纷持续期间，原本承载着推动单位发展重任的专业设备，只能被束之高阁，无奈地错过了最佳的投入使用时机，无法将其技术优势转化为生产力，资产效益一落千丈，单位的发展步伐也因此受到了严重的阻碍。由此可见，明确资产权属、规范资产流转手续已成为当务之急，直接关系到单位的稳健前行与长远发展。

（三）资产配置体系不健全

资产配置体系的不完善，不仅像一道无形的枷锁，紧紧束缚住了单位资产效能的释放，更像一场猛烈的飓风，将资产吹得七零八落，难以凝聚成强大的推动力，为单位的蓬勃发展提供坚实的支撑。

深入剖析单位内部的运营机制，不难发现这一顽疾所带来的种种弊端。首要问题在于，缺乏科学合理的资产配置标准与流程，使得资产的购置与调配都陷入了困境，难以顺畅进行。

在资产购置方面，由于缺少了必要的规划与有效的约束机制，部门间的攀比之风愈演愈烈。一些部门负责人短视且虚荣，仅仅因为看到其他部门配备了先进设备，便不顾自身实际需求，盲目跟风申请购置。这种非理性的行为导致资产重复购置的问题日益严重，成为了单位资金流失的一大源头。例如，高清投影仪的购置，各个部门仿佛陷入了一种"竞赛"的怪圈，你购置一台，我跟着购置一台，互相"借鉴"，全然不顾这些设备是否真的能够得到有效利用。结果，这些价格高昂的设备大部分时间只能在仓库中沉睡，偶尔才在特殊场合"亮相"，造成了资金的极大浪费。

而在资产调配方面，问题同样突出。不同部门之间仿佛被一堵无形的墙隔开，缺乏有效的沟通与协调机制，信息流通严重受阻。急需资产的部门因缺乏关键设备而导致业务停滞不前，但当他们试图通过正规流程申请调配其他部门的闲置资产时，却不得不面对烦琐的审批手续。一份资产调配申请，需要经过层层关卡，从部门主管到分管领导，再到资产管理部门和财务部门，整个流程耗时冗长，往往等到审批下来，业务问题早已被拖延得无法忍受。而另一边，拥有闲置资产的部门却对这些需求一无所知，即便有心盘活也无处着手。这种信息的闭塞与流程的烦琐，使得资产如同被困在孤岛之上，无法在不同部门间自由流动，整体利用率极低，难以发挥出其应有的价值。单位的运营成本因此居高不下，效益却始终难以提升。

三、缺乏有效的监督机制

从内部监督的角度来看，单位内部审计部门本应担当起守护成本与资产安全的"铁面无私"的守护者角色，但在实际操作中，却常常因为各种因素而未能尽职尽责。首要问题在于，内部审计机构的独立性受到严重制约。在组织架构上，它们往往隶属于管理层，缺乏必要的自主决策权，这使得审计工作的推进容易受到管理层意志的左右。当遇到成本虚报、资产违规处置等敏感问题时，审计人员往往因为害怕得罪上级或担心影响自身职业生涯，而选择避重就轻，不敢深入探究真相，导致违规行为得以掩盖，无法及时被揭露和纠正。此外，内部审计的专业性缺失也是一大短板。随着成本控制与资产管理业务的日益复杂化，涉及众多新兴领域、前沿技术和复杂的法规政策，对审计人员的专业素养提出了更高要求。然而，部分单位的审计人员知识结构老化，未能及时跟上时代的步伐，面对诸如金融衍生品成本核算、无形资产评估与管理等复杂业务时，往往力不从心，难以精准识别潜在的风险点和违规行为，导致监督工作流于形式，无法真正发挥"内部防火墙"的作用。

从外部监督的角度来看，财政、审计等政府主管部门虽然肩负着宏观监管的重任，但受限于监管资源和监管对象的庞大数量，往往只能采取定期抽查、事后审查等相对粗放的监管方式。这导致监管周期过长，在漫长的监管空窗期内，单位的成本控制与资产管理问题有足够的时间滋生蔓延。而且，这种事后监督模式具有明显的滞后性，即便最终发现了违规行为，也往往已经造成了不可挽回的经济损失，无法实现事前预防、事中控制的理想监管效果。例如，某事业单位在过去一年中，由于内部监督机制不健全，外部监管又未能及时介入，导致在成本控制方面出现了多起虚报差旅费、滥发福利等违规行为，在资产管理方面也存在资产被私自挪用、低价变卖等乱象。直到年底上级主管部门进行例行检查时，这些问题才被揭露出来，但此时单位的经济损失已经相当惨重，后续的整改工作也面临着极大的困难。

第四节　财务分析与决策现状

一、财务分析层面

（一）分析方法与工具的局限

在事业单位财务管理的精密布局中，财务分析如同指引战略航向的关键"灯塔"，其精确度和全面性对于洞悉单位经济运行态势、导航决策路径具有不可或缺的重要性。然而，传统财务分析工具——比率分析和简单趋势分析，尽管在过去为单位的财务剖析作出了重要贡献，但在当今瞬息万变的经济海洋中，它们正逐渐显露出局限性，宛如过时的航海图，难以引领单位精准抵达决策的智慧之岸。

这些基础工具往往局限于提供静态且片面的财务信息，仿佛仅通过狭窄的缝隙窥探整体，视野受限，难以捕捉市场动态变化与复杂业务活动对财务状况的深远影响。以比率分析为例，它通过对偿债能力、盈利能力和营运能力等各类指标的量化，如流动比率揭示短期偿债能力、资产净利率反映盈利水平等，虽能直观展现财务指标间的相对关系，为初步评估单位财务健康状态提供量化基准。然而，深入探究后不难发现，它如同冰山一角，难以揭示这些指标背后的深层逻辑与未来趋势。

当流动比率看似稳健，位于行业合理区间，给人以短期偿债无忧的错觉时，却可能隐藏着流动资产内部结构失衡的真相，如应收账款账龄过长、存货积压等问题，这些潜在风险如同暗藏的"地雷"，随时可能触发财务危机，而比率分析对此却无能为力。同样，简单趋势分析虽然能清晰展现财务数据的时间序列变迁，通过绘制营业收入、成本费用等指标的动态图表，直观反映其逐年或逐季的变化趋势，为管理者提供单位业务发展的直观脉络。但它却常常忽略了市场波动、政策调整等外部因素的即时与长期影响。

在市场波动层面，当行业面临原材料价格飙升的冲击时，对于依赖该原材料的事业单位，如科研机构的实验耗材采购、生产型事业单位的产品加工等，成本将急剧上升。然而，简单趋势分析局限于内部历史数据，无法及时反映这一外部冲击导致的成本突变，导致管理者在成本管控决策上反应滞后，错失提前优化采购渠道、调整业务结构的宝贵时机。从政策调整角度来看，政府对环保标准、税收优惠政策的调整，将直接影响事业单位的运营成本与资金流入。若单位高度依赖环保补贴维持特定业务，一旦政策收紧补贴减少，财务状况将瞬间承压，而简单趋势分析因未纳入政策变量，无法提前预警，使单位在应对政策变动时陷入被动。

此外，在面对事业单位日益多元化的业务格局时，传统工具更显得捉襟见肘。当前，众多事业单位跨界拓展业务领域，涉足科技研发、教育培训、社会服务等多个行业，各业务板块财务特性各异，风险收益模式大相径庭。比率分析和简单趋势分析缺乏对业务板块的精细剖析能力，将各板块财务数据简单汇总分析，犹如将不同材质的物件混杂熔炼，产出的信息杂乱无章，无法为针对性的业务决策提供精准指引，导致单位在资源配置、战略聚焦上迷失方向，难以精准导航单位的未来发展之路。

（二）项目投资效益分析的局限性

1. 忽视外部因素

事业单位在进行项目投资效益分析时，往往过度关注内部的收入与成本比率，而忽视了诸如市场利率波动、政策导向调整、行业竞争格局变化等关键的外部因素。这些外部因素对项目长期盈利能力具有深远的影响。

（1）市场利率波动

市场利率的变化直接影响项目的资金成本。当市场利率上升时，项目的资金成本也会相应增加，从而压缩项目的利润空间。如果事业单位未能准确预测市场利率的变化，就可能导致对项目盈利能力的误判。

（2）政策导向调整

政策环境的变化对项目的运营和发展具有重要影响。例如，政府可能对某些行业实施更严格的监管政策，或对某些领域提供税收优惠，这些政策调整可能会影响项目的市场竞争力。事业单位若未能及时关注政策变化，就可能因政策风险而遭受损失。

（3）行业竞争格局变化

市场竞争的激烈程度直接影响项目的市场份额和盈利能力。随着行业的发展，新的竞争者进入市场，现有竞争者可能会采取更激进的竞争策略，这些变化都会对项目构成威胁。事业单位若未能准确评估市场竞争态势，就可能因竞争压力而失去市场份额。

2. 片面的分析方法

部分事业单位在进行项目投资效益分析时，采用的分析方法过于简单和片面，如仅依赖收入与成本比率的对比来判断项目的盈利性。这种分析方法未能充分考虑项目的复杂性，以及影响项目盈利能力的多种因素。

（1）缺乏全面的风险评估

简单的收入与成本比率对比无法全面反映项目的风险状况。事业单位需要综合考虑项目的市场风险、技术风险、管理风险等多种风险因素，以制定更加稳健的投资策略。

（2）忽视项目的长期效益

部分事业单位过于关注项目的短期收益，而忽视了项目的长期效益。一个在短期内看似盈利的项目可能在长期内因资源消耗、环境污染等问题而面临可持续发展困境。因此，事业单位在进行项目投资效益分析时，需要更加注重项目的长期效益和可持续发展能力。

（三）决策者的主观判断

在投资决策过程中，决策者的主观判断往往对分析结果产生重要影响。

如果决策者缺乏专业知识和经验，或者受到个人偏好和情绪的影响，就可能导致投资决策失误。

1. 缺乏专业知识

当事业单位涉足多样化的投资项目时，对项目投资效益的深入剖析构成了决策过程的核心依据。然而，部分决策者并未接受过系统的投资分析专业培训，对于复杂的财务建模、市场趋势预测等高级技能掌握不够充分。这一现状导致他们在面对实际项目时，难以从海量且复杂的数据与信息中提炼出关键要素，以及准确捕捉项目潜在的主要风险。举例来说，在评估一个新兴技术研发项目的可行性时，如果决策者不熟悉技术迭代的速度以及市场转化的周期，他们可能会忽略一些至关重要的风险点，比如技术更新换代速度过快可能导致的研发成果迅速过时，或者研发成果难以成功转化为商业应用等。同时，他们也难以敏锐地发现项目背后隐藏的巨大潜在价值，例如，该技术一旦取得突破性进展，可能会带来的行业领先地位、长期稳定的收益增长等正面效应。这种对风险和价值的双重忽视，无疑会对投资决策的科学性产生不利影响。

2. 个人偏好和情绪影响

个人偏好与情绪如同投资决策航程中的隐形障碍，时刻考验着决策的准确性。在事业单位的投资决策环境中，决策者作为有血有肉的人类个体，其性格特质与情绪波动不可避免地渗透进决策过程，有时甚至被无形中放大。过度乐观的决策者，往往倾向于对项目盈利前景持过分积极的看法。他们容易被市场表面的繁荣景象所迷惑，比如民众对文化活动的热烈响应，却未能深入剖析潜在的不利因素，如竞争对手的激烈角逐、政策调整对项目盈利空间的潜在挤压等。以某事业单位计划投资建设热门文化场馆为例，乐观派决策者可能仅凭当前民众对文化活动的高涨热情，就草率推进项目，却忽视了同一区域内已有或即将建成的类似场馆可能带来的客源分流风险，从而埋下隐患。相反，过度悲观的决策者则可能因过分谨慎而错失良机。面对那些初期投入高昂但未来潜力巨大的项目，他们往往因担心短期的资金紧张、市场培育周期长等挑战，而忽视了项目长远的战略意义与社会价值。这些价值包括推动当地文化生态的繁荣发展、吸引并留住高端人才等，对事业单位的长期发展具有不可估量的正面影响。然而，由于悲观情绪的笼罩，决策者可能最终做出偏离最优路径的投资决策，错失了转型升级的关键机遇。

（四）资源配置和风险管理的偏差

分析方法与工具的局限性还可能导致事业单位在资源配置和风险管理方面出现偏差。由于无法全面准确地掌握财务状况和运营风险，事业单位可能难以制定出科学合理的资源配置策略。这可能导致资源利用效率低下、资源浪费或资源错配等问题。同时，在风险管理方面，如果事业单位仅仅依赖于传统的分析工具和方法，就可能难以及时发现和应对潜在的财务风险。例如，市场风险的增加、信用风险的暴露或流动性风险的加剧等，都可能对事业单位的稳健发展构成严重威胁。如果事业单位未能及时识别并有效应对这些风险，就可能因风险失控而陷入困境。

（五）数据质量与整合度欠佳

财务部门内部的数据来源呈现出一种分散的状态，各个业务系统之间如同信息孤岛，缺乏有效的互联互通机制。这导致数据在传递过程中经常出现错漏和更新不及时的情况，严重影响了数据的准确性和时效性。此外，财务数据与非财务信息的融合也面临着巨大的挑战。财务人员在进行分析时，往往过于聚焦账面数字，而忽视了市场动态、行业竞争格局、技术创新趋势等重要的非财务信息。

以一家文化事业单位筹备大型演出项目为例，财务分析仅仅围绕预算成本、票务收入预估等常规财务指标进行，却未能充分考虑当下观众审美偏好的变化、同类型演出市场的饱和度等关键非财务信息。虽然最终演出在财务上实现了收支平衡，但由于忽视了观众口碑和市场拓展的重要性，错失了后续发展的良机。这种片面的分析方式不仅限制了项目的长期发展潜力，也会导致单位在未来的市场竞争中处于不利地位。因此，加强财务数据与非财务信息的融合，实现信息的全面整合和分析，对于提升单位的决策水平和市场竞争力至关重要。

（六）财务分析报告的实用性不强

在当今竞争白热化、决策节奏飞速提升的商业环境中，财务分析报告本应成为管理层手中的"导航灯",为他们照亮前路,引导单位在波涛汹涌的发展大潮中稳健航行。然而,遗憾的是,众多单位的财务分析报告却显现出实用性匮乏的重大缺陷,难以发挥其核心导航作用。

深入剖析这些不尽如人意的财务分析报告,最直观的问题在于其内容呈现方式的严重不足。这些报告往往过度沉溺于数据的机械堆砌与无意义的陈列,仿佛将财务数据这一单位运营状况的"晴雨表"拆解成了一堆散乱的零件,未能组装成一幅清晰的全景图。报告中的数字、符号如繁星点点,密密麻麻,却缺乏直观明了的解读,仿佛是用一种神秘的语言编写而成,难以被非专业人士所理解。管理层在阅读这些报告时,往往如同置身于一片数字的迷雾之中,感到困惑不解,难以捕捉到有价值的信息。

财务人员,作为这些"神秘语言"的编写者,未能充分承担起连接财务与管理领域的"桥梁"角色。他们习惯于在财务领域的专业深耕,精通各种专业术语和复杂的计算逻辑,却忽视了报告的主要受众——管理层的实际需求。对于非财务背景的管理层而言,这些专业术语无异于天书,难以领悟其背后的深层含义。此外,财务人员往往缺乏与业务部门深入沟通的动力,未能充分了解单位的实际运营痛点和挑战,更别提结合这些痛点提出切实可行的改进建议了。这就好比医生只给病人提供了一堆检查数据,却不解释病情,也不给出治疗方案,让病人即便知道自己的身体状况不佳,也无从下手去改善。

以某科研事业单位为例,其年度财务分析报告虽然洋洋洒洒、篇幅冗长,但实则内容空洞无物。报告中充斥着大量的专业会计科目和晦涩难懂的术语,如"待摊费用""递延收益"等,让人眼花缭乱。管理层即便花费大量时间和精力去研读这份报告,也只能大致了解收支的总体情况和资金的流向结余。然而,当涉及单位核心竞争力提升、未来发展规划等关键议题时,比如如何高效配置科研经费以激发科研人员的创新活力、如何优化科研成果转化流程以提升转化效益等,管理层依然感到茫然无措。他们手中的这份报告,虽然看似厚重,实则如同废纸一般无用,因为它未能像精准的导航仪那样为管理层的决策提供有力支持,导致财务分析应有的巨大价值被严重埋没。

长此以往,管理层的决策将因缺乏准确有效的财务依据而频频出错,单位的资源配置也将陷入混乱无序的状态,错失众多宝贵的发展机遇。更为严重的是，这种无效的财务分析模式会不断加剧单位内部沟通协作的障碍，使财务部门与其他部门之间形成难以逾越的鸿沟，难以形成合力共同推动单位的发展。因此，重塑财务分析报告、提升其实用性已经迫在眉睫，这是打破当前困境、引领单位迈向新发展阶段的关键举措。

二、决策环节

（一）决策流程科学性不足

在当今这个快速变化、竞争异常激烈的时代，决策流程之于单位，就如同航行中的"罗盘"，指引着发展的方向，并决定着行进道路的平稳与否。然而，遗憾的是，众多单位在面临重大决策时，其决策流程的科学性却严重不足，这无疑为单位的稳健前行增添了重重阻碍。

面对战略转型、大型项目投资、新业务领域拓展等关键节点，本应建立在严谨可行性研究基础上的决策流程，却常常被忽视。管理层往往未能意识到，随着时代的变迁，过往经验的有效性已大打折扣，而直觉更是充满了主观性和不确定性，难以支撑起重大决策的重任。

更为关键的是，跨部门专家团队的智慧力量被严重低估。在现代组织体系中，各个部门汇聚了不同领域的精英，他们在技术、经济、风险管理等方面拥有独到的见解。然而，在决策时刻，管理层却未能充分利用这些专业资源，对项目的技术可行性、经济合理性和风险可控性进行深入、全面的论证。技术专家本可以凭借其深厚的专业知识，揭示项目在技术实现上的潜在障碍；经济专家则能通过精确的成本效益分析，确保项目在经济层面的可持续性；风险管理专家则能敏锐地捕捉到潜在风险，并制定相应的应对策略。但由于缺乏这样的协同合作，决策就如同在未知的水域中航行，充满了未知与危险。

以某教育事业单位计划新建校区的案例为例，这一决策失误所带来的后果堪称灾难性。在项目筹备阶段，该单位就偏离了科学决策的轨道。在生源预测上，他们未能深入分析当地人口结构的变化、周边学校的竞争态势以及教育政策对生源的影响，仅凭粗略的估算便盲目乐观地认为生源充足。在师资配备上，他们同样忽视了现有师资队伍的结构优化需求、新校区所需师资的专业匹配度以及人才引进的难度，想当然地认为师资能够轻易满足需求。而对于周边配套设施的调研更是严重不足，忽视了交通便利性、生活服务设施等因素对学校吸引力的重要性。

在这样的草率筹备下，项目仓促启动。起初，一切似乎都在按计划进行，但随着工程的推进，各种问题开始逐一浮现。资金问题是首要问题，由于前期预算制定粗糙，未能充分考虑到材料价格波动、施工过程中的额外费用等因素，导致资金缺口不断扩大，资金链岌岌可危。同时，招生情况也远未达到预期，实际报名人数寥寥无几，使得学校未来的运营成本分摊面临巨大压力。此时，项目已经陷入了进退两难的境地，继续推进将背负沉重的资金负担和生源匮乏的双重压力；若暂停项目，则前期投入的大量资金将付诸东流，造成巨大的沉没成本。

这种因决策流程科学性不足而引发的混乱局面，所带来的负面影响是深远且广泛的。一方面，大量宝贵的资源被无情地浪费，无论是人力、物力还是财力，都在这场决策失误的"风暴"中消耗殆尽。原本可以用于改善教学设施、提升师资待遇、开展教育科研活动的资金，被牢牢地"锁"在了这个"烂尾"项目中。另一方面，单位的长期发展也受到了严重冲击。声誉受损使得单位在招生市场和教育资源竞争中处于劣势地位，合作伙伴的信心下降，未来的发展机遇也随之减少。更为严重的是，内部员工的士气低落，对管理层的决策能力产生质疑，团队的凝聚力和执行力大打折扣。因此，重塑科学决策流程已成为单位摆脱当前困境、重振旗鼓的当务之急。

（二）财务部门在决策过程中的参与度与话语权偏低

在当今这个充满复杂性与挑战性的商业环境中，单位要想在激烈的市场竞争中稳步前行，需要各个部门的紧密协作与高效配合。然而，一个不容忽视的问题是，财务部门在许多单位的决策流程中，正面临着参与度与话语权偏低的尴尬境地，难以维持稳定且高效的前进态势，更难以彰显其作为"财务智囊"的核心价值。

当单位站在诸如项目启动这样的关键转折点上，财务部门本应成为决策团队中的中流砥柱，运用其深厚的财务知识，为项目的可行性、盈利潜力及潜在风险提供全面而深入的剖析。然而，现实却令人忧虑：财务人员往往只是被动地扮演着数据"传递者"的角色，机械地提供财务报表数据，如同盲人摸象般孤立地呈现数字，而未能主动参与到项目的前期规划与策划之中。他们缺乏对项目实际运作、市场需求及技术研发的深入了解，导致在提供数据支持时，只能停留在表面，无法将财务数据与业务实际紧密结合，更无法为项目量身打造一套具有前瞻性和风险可控性的财务方案。

同样，在投资并购这类高风险、高回报的决策中，财务部门的作用更是被严重忽视。投资并购犹如一场充满变数的商业棋局，既需要敏锐的战略洞察力，也离不开严谨的财务风险控制。然而，财务人员在这场棋局中常常沦为"看客"，仅在决策层发出指令后，才开始对目标企业的财务报表进行初步审查。以某事业单位计划收购小型企业以拓展业务的案例为例，财务部门虽然看似按部就班地完成了基础工作，审查了目标企业的财务报表，但实际上却留下了诸多隐患。一方面，他们未能运用专业的财务分析手段，深入挖掘报表背后潜藏的风险。如被巧妙掩饰的债务问题，可能包括未披露的民间借贷、或有负债等，一旦收购完成，这些"定时炸弹"随时可能爆发，给单位带来沉重的财务负担；潜在的税务风险也常被忽略，如目标企业过往的税务合规性问题、税收优惠政策的可持续性等，都可能在后续运营中引发税务争议，增加额外的成本。另一方面，财务部门在收购价格的谈判中显得力不从心，未能结合单位的战略方向，从财务角度出发，综合考虑目标企业的市场估值、成长前景、资产质量等因素，提出一个既合理又具有竞争力的收购价格建议。

由于财务部门在前期决策中的深度参与不足，当收购项目进入整合阶段时，各种难题便纷至沓来。业务流程难以协同，人员管理陷入混乱，财务体系更是矛盾重重。原本希望通过收购实现业务协同、提升整体竞争力的期望落空，整合过程步履维艰，业绩远低于预期。单位不仅在这场失败的收购中浪费了宝贵的人力、物力、财力资源，还错失了其他潜在的发展机会，对整体发展造成了不小的阻碍。长此以往，财务部门的专业能力得不到充分施展，员工士气受挫，而单位的决策质量也将因缺乏财务智慧的支撑而持续下滑，陷入恶性循环之中。因此，提升财务部门在决策过程中的参与度与话语权，实现财务与业务的深度融合，已成为单位打破当前困境、迈向高质量发展的必由之路。

第四章 会计工作面临的问题与挑战

◇ 第一节　会计核算问题

一、会计准则变化快

在全球化经济深度融合与国内经济蓬勃发展的背景下，税法与会计准则正持续不断地动态演进着，仿佛一场永无止境的智力竞赛，给会计人员带来了前所未有的挑战。

（一）新法规的出台速度较快

在全球经济深度融合、创新浪潮迭起的时代背景下，新法规的出台步伐明显加快，已成为不可阻挡的趋势。市场环境的日益复杂与业务模式的不断创新，要求会计准则必须紧跟时代步伐，以确保财务信息准确反映经济活动的本质。每年，针对各行业及核算细节的调整准则如同连绵不绝的"法规雨"，深刻冲击着会计行业的传统实践与认知框架。

以收入确认准则的变革为例，该变革堪称颠覆性，彻底摒弃了长期沿用的风险报酬转移标准。这一标准在传统相对简单直接的交易环境中尚能勉强适用，但在面对当下纷繁复杂的创新商业模式时，其局限性愈发明显。取而代之的是更为精细、逻辑严密的五步法模型，这背后是对现代商业交易本质的深刻洞察。在实际操作中，企业与客户间的合同安排愈发多样化，从大型制造业的长期建造合同到互联网企业的会员订阅服务，无不涉及多阶段履约与复杂的权利义务关系。五步法模型要求会计人员细致分析合同履约义务，将复杂合同拆解为独立履约单元，并精准界定控制权转移的时点，这对会计人员的专业能力与业务判断力构成了严峻挑战。

同时，资产减值计提规则也在时代变迁中日益精细化，深入各类资产的价值评估中。随着经济活动范围的扩大，资产类别早已超越传统固定资产、存货的范畴，涵盖大量新兴金融资产、无形资产等。这些资产的价值波动受多种因素影响，如高新技术企业的专利技术价值就受研发投入、技术迭代、市场竞争及侵权风险等多重因素制约。新规则下，会计人员需全面剖析内外部因素，以精准判断减值情况。然而，会计人员面临的现实困境却如同荆棘密布。账务处理、报表编制、税务申报等繁重的日常工作，导致他们难以抽出精力学习新知识。据估算，超过七成的基层会计人员每周用于学习新法规的时间不足三小时，致使他们在面对浩瀚的法规条文、专业解读及复杂实务案例时显得力不从心。导致他们在处理账务时频繁出错，如未准确运用五步法模型拆分复杂销售合同中的各项义务，就可能陷入收入确认的混乱，误导投资者和其他财务信息使用者，进而引发市场信任危机。

更为紧迫的是，新法规的快速更迭带来了知识更新的巨大压力。会计人员不仅要掌握现行法规，还需时刻关注法规修订动态，以防知识过时。同时，不同法规间的关联性与协同性日益增强，要求会计人员具备系统思维，能够综合运用多方面知识。例如，企业所得税法的调整可能波及收入确认和资产计价，若孤立看待各类法规，就会导致账务处理中的顾此失彼。

（二）税法与会计准则之间的协同性和衔接性问题

在当今多元化且精细化的经济环境中，税法与会计准则犹如两个紧密相连却又遵循不同运作逻辑的部件，共同驱动着企事业单位财务与税务管理这部精密"机械"的运转。鉴于它们植根于截然不同的立法目的和监管焦点，好比源自不同源头、流向各异的河流，在诸多业务处理的交汇点，难免会产生分歧与错位。

税法，作为国家税收管理的核心依据，其核心宗旨在于确保财政收入的稳定增长，致力于构建一种公平、公正的税收环境，以保障公共资源的合理分配，为经济社会发展奠定坚实基础，维护经济秩序的平稳运行。它宛如一位严谨的监督者，立足于宏观经济大局，为企事业单位等纳税主体设定了清晰的纳税规则边界，确保每一笔税款都能精准、及时地缴入国库。

会计准则，是企事业单位内部财务管理的基石，承担着向政府监管部门、社会公众等利益相关方真实、准确地反映单位财务状况、经营成果及现金流量的重任，为各方决策提供可靠依据。它如同一位细致的记录者，聚焦于企事业单位的业务细节，致力于描绘出最真实、准确且具有可比性的财务画卷。

在这样的背景下，日常复杂的财务工作中的企事业单位的会计人员，就如同在细丝上舞蹈的"平衡艺术家"，既要精通税法和会计准则各自繁杂的规则体系，又要凭借专业智慧和实践经验，巧妙调和其间潜在的矛盾，以确保合规的纳税申报与准确的会计核算能够并行不悖、相互促进。

以固定资产折旧为例，该业务环节充分展现了税法与会计准则之间的差异与挑战。会计准则尊重企事业单位的运营特性和管理自主性，赋予其一定的选择权，允许根据固定资产预期经济利益的实现方式，灵活选择直线法、加速折旧法等不同的折旧方法。这好比为企事业单位提供了一套适应多种业务场景的"财务工具箱"，若某项固定资产在初期能迅速产生显著经济效益，如科研设备在项目初期发挥关键作用，便可采用加速折旧法，前期多提折旧，以更合理地匹配成本与收益；反之，若资产收益平稳均匀，如常规办公设备，则采用直线法更为稳妥。

然而，税法从税收公平性和财政收支稳定性的角度出发，对折旧方法、折旧年限等关键要素设定了严格限制。它仿佛为企事业单位的折旧策略筑起了一道不可逾越的"防线"，旨在防止通过不合理的折旧操作逃避纳税义务，确保不同企事业单位在税收负担上保持相对均衡，稳固国家税收体系的根基。

在这样的情境下，企事业单位的会计人员稍有不慎，就如同在波涛汹涌的海面上航行，稍有偏差就可能陷入两难的困境。一方面，若过度依赖会计准则的灵活性而忽视税法的刚性约束，在纳税申报时极易触发税务风险，招致税务机关的审查与处罚，给单位带来经济损失和声誉损害；另一方面，若一味迎合税法要求，生硬套用规定的折旧方法进行会计核算，又可能导致财务信息失真，误导上级主管部门和社会公众的决策，削弱单位在资源争取、社会服务等方面的竞争力。

例如，某科研单位为彰显其科研实力和设备更新速度，在会计核算中采用加速折旧法，以期在科研项目初期充分反映大型科研设备的损耗，优化成本结构。然而，在纳税申报时未充分考虑税法对科研设备折旧年限的严格规定，导致申报折旧额超出税法允许范围，最终被税务机关认定为逃税行为，不仅补缴了大量税款，还支付了高额滞纳金和罚款，给单位紧张的科研经费带来了沉重压力，科研项目进度也受到严重影响。相反，有些单位为规避税务风险，不顾自身业务实际，刻板套用税法规定的折旧方法进行会计核算。结果，财务报表中的资产净值、结余等数据与单位真实运营状况严重不符，主管部门依据这些失真信息制定政策、分配资源，往往与单位实际需求相悖，导致单位在承接项目、吸引人才等方面逐渐失去优势，发展步伐缓慢。

二、信息化程度不高

在全球数字化浪潮汹涌澎湃的今天，部分事业单位的会计信息化建设仍然进展缓慢，仿佛置身于时间的长河中缓缓前行，极大地阻碍了会计核算的效率与数据质量的提升。

（一）硬件设施

一些单位仍在使用性能落后的老旧计算机处理会计核算任务。这些设备的处理器运算速度缓慢，内存容量严重不足，在处理大规模财务数据时，频繁出现死机、卡顿等问题，严重影响了会计人员的工作效率。例如，在每月末结账的繁忙时期，财务数据需要集中处理，而老旧设备在运行会计核算软件时，仅仅生成一份完整的财务报表就可能耗费数小时之久。相比之下，同等规模数据量的现代化企业，借助高性能的服务器，仅需半小时甚至更短的时间就能轻松完成这一任务。

（二）软件

在软件层面，会计核算软件的功能单一、更新滞后成为制约会计核算效率的关键因素。许多企业的会计核算软件仅限于基础的记账、算账、报账功能，对于新兴的财务数据分析、智能财务预警等高级功能几乎一片空白。此外，这些软件往往无法及时适应新出台的会计准则与税收政策，导致会计人员在使用过程中需要手动调整大量的核算规则，不仅容易出错，还极大地增加了工作量。以增值税税率的调整为例，部分会计核算软件无法自动更新税率，会计人员不得不逐笔核对、修改涉及增值税的业务凭证，稍有疏忽就可能造成税款计算错误，给企业带来不必要的税务风险。

（三）单位内部信息系统的集成度普遍较低

会计信息系统仿佛是一座信息孤岛，与采购、销售、库存等其他业务之间无法实现无缝对接。数据在这些系统之间流转时，需要依靠人工手动录入，不仅效率低下，还极易导致数据不一致的问题。以原材料采购业务为例，采购部门在采购系统中录入采购订单信息后，需要人工将订单金额、供应商名称等关键数据抄录至会计系统中。这一过程中，很容易出现笔误或数据遗漏等问题，导致财务账与库存账、往来账无法核对相符，严重影响了会计核算的准确性。这不仅给企业的财务管理带来了诸多不便和隐患，还可能导致企业决策失误，进而影响企业的长远发展。

三、责任重大且风险高

事业单位会计工作的责任极为重大，这一岗位不仅要求会计人员具备扎实的专业技能，还需要他们拥有高度的责任心和风险意识。会计人员在日常工作中，必须确保账目清晰准确，这不仅是对单位财务状况的真实反映，更是对法律法规的严格遵守。同时，他们还需时刻保持警惕，以有效防范各类潜在风险，这些风险包括但不限于资金风险、税务风险和信息风险等。

（一）资金风险

资金风险是事业单位会计工作无法回避的首要挑战，它直接关系到单位的财务安全与稳健发展。会计人员作为资金管理的直接责任人，承载着确保资金合理使用与高效流转的重任。

首先，资金的合理使用是资金风险管理的核心。会计人员需根据单位的业务需求、项目进展以及预算安排，精准调配资金，确保每一笔资金都用在刀刃上。这要求会计人员不仅要具备扎实的会计专业知识，还要深入了解单位的运营模式和业务流程，以便做出更为精准的资金配置决策。同时，会计人员还需严格遵循相关的财务制度和法规，确保资金使用的合规性，避免任何形式的资金滥用或挪用。

其次，资金的高效流转是资金风险管理的另一个重要方面。会计人员需密切关注单位的资金流动情况，确保资金在各部门、各项目之间顺畅流转，避免资金滞留或沉淀。通过优化资金流程、提升资金流转效率，可以降低资金成本，提高资金使用效益。此外，会计人员还需加强与其他部门的沟通与协作，共同推动资金流转的顺畅进行。

然而，在资金运作过程中，任何微小的错误都可能导致资金流失，给单位带来直接的经济损失。因此，会计人员需时刻保持高度的警惕性和责任心，确保资金运作准确无误。一旦发现资金流失的迹象，应立即采取措施进行追查和处理，防止损失进一步扩大。

除了直接的经济损失外，资金风险还可能引发更广泛的财务风险。例如，资金链断裂是资金风险的一种极端表现，它可能导致单位无法按时支付员工工资、供应商款项等，进而引发信任危机和声誉损害。因此，会计人员还需密切关注单位的资金流动情况，及时发现并处理潜在的资金链断裂风险。通过建立健全的资金预警机制、加强资金监管和风险控制等措施，确保单位的财务稳健和可持续发展。

（二）税务风险

税务风险在事业单位会计工作中占据着至关重要的地位，尤其在当今复杂多变的税收环境下，其潜在影响不容忽视。随着我国税收法规体系的不断更新和完善，新政策、新规定层出不穷，这对事业单位的会计人员提出了更高要求。他们必须像敏锐的"税务雷达"，时刻关注税务政策的变化，确保单位的税务处理与国家政策导向保持高度一致。

在税收法规频繁调整的背景下，会计人员需紧跟政策步伐，对增值税税率调整、企业所得税优惠政策变动以及各类小税种征管细则的更新等保持高度敏感。这些政策变化可能与单位的日常运营和财务处理密切相关，若未能及时准确把握，可能导致单位错失税收优惠机遇，增加运营成本。例如，在研发创新领域，若会计人员未能及时了解并精准落实相关税收激励政策，单位可能无法充分享受研发费用加计扣除等税收优惠，从而影响其创新能力和竞争力。

会计人员不仅要确保单位税务申报和缴纳工作的精准性，更要在每个申报节点严格把关，从基础数据的收集整理到申报表的准确填制，再到税款的按时足额缴纳，每个环节都需细致入微，不容有失。任何数据的偏差或报表的漏报都可能触发税务风险，给单位带来不必要的经济损失和声誉损害。例如，某事业单位因会计人员对税目适用理解有误，在增值税申报中错误填报了较低税率，虽非主观故意，但仍面临经济处罚和声誉损失，严重影响了单位的后续发展。

因此，会计人员不能仅仅满足于完成常规税务事务，还需具备较强的税务筹划能力。他们应深入研究税收政策，挖掘节税空间，通过合理且合法的税务安排为单位降低税务负担。这包括依据政策选择恰当的购置时机与折旧方法以实现企业所得税的合理递延，精准核算公益性捐赠的扣除限额以尽享税收减免红利等。同时，会计人员还需结合单位业务特点，从税务视角优化业务流程架构，合理区分兼营与混合销售行为，避免因业务界定不清导致税率适用不当，增加税务成本。

通过这些巧妙且合规的税务筹划举措，会计人员不仅能确保单位依法纳税，还能在法律框架内实现税负的最优化，为事业单位的稳健发展提供有力支持。综上所述，税务风险是事业单位会计工作中不可忽视的关键挑战，会计人员需时刻保持高度警惕，不断提升税务筹划能力，以应对复杂多变的税收环境。

（三）信息风险

1.信息泄露风险

财务信息，作为事业单位的"核心血脉"，承载着大量的敏感数据与机密内容，涵盖了资金流动的每一个细节、预算规划的蓝图、项目成本的精细核算以及员工薪酬的架构等，这些无一不是驱动单位运营的关键要素。一旦这些至关重要的信息被泄露，其引发的后果将如同山洪暴发，对事业单位的运营稳定与声誉造成难以估量的重创。

从内部视角审视，员工的不当操作如同潜藏的"风险暗礁"。部分员工因信息安全意识的淡薄，可能在不经意间埋下了安全隐患。例如，为了便捷，他们可能设置过于简单的电脑密码，甚至忽视了锁屏的重要性，这为潜在的入侵者提供了可乘之机，使其能够轻松获取并滥用这些机密信息。在跨部门合作或离职交接时，若未能严格遵守信息保密的流程，擅自复制或传播财务资料，也可能导致单位的核心机密暴露无遗。更为严重的是，个别员工可能出于个人私利，恶意篡改或泄露财务信息，这种行为不仅直接破坏了单位的财务管理秩序，还可能引发法律纠纷，使单位陷入舆论的风口浪尖。

外部威胁同样不容小觑，黑客的攻击已成为事业单位面临的严峻挑战。这些技术高超的不法分子，利用先进的网络攻击手段，如精心设计的鱼叉式网络钓鱼，通过伪装成合法的业务邮件，诱使会计人员点击恶意链接或下载携带病毒的附件，从而悄无声息地渗透进单位的财务信息系统。此外，分布式拒绝服务攻击（DDoS）也是黑客常用的手段之一，他们通过瘫痪单位网络，制造混乱，趁机突破安全防线，窃取珍贵的财务数据。恶意软件的入侵同样令人防不胜防，它们可能潜藏在看似无害的软件下载或网站浏览过程中，一旦进入单位内部网络，就会像"间谍"一样，悄无声息地搜集并窃取财务信息，然后将其传输给背后的操纵者。

2. 信息篡改风险

财务信息，作为事业单位运营决策的指南针，在其传输、存储及处理的每一步都如履薄冰，时刻面临着被篡改的风险，一旦风险成真，后果将不堪设想。

（1）传输环节

在传输环节，无论是内部网络的共享，还是与外部单位的资料交换，信息的每一次流转都可能成为不法分子的目标。他们利用高超的网络技术，潜入传输通道，截获并篡改财务数据。例如，在向上级部门报送财务报表时，若传输路径被黑客渗透，核心财务指标如营收、资产规模等就可能被恶意调整，导致上级部门对单位的运营状况产生误判，进而影响资源分配、政策扶持等关键决策，使单位的发展机遇受损或承受不合理的压力。

（2）存储环节

单位内部的数据库和服务器，作为财务信息的宝库，却可能成为内部不法之徒的篡改对象。他们可能为了掩盖错误、谋取私利，私自登录系统，对历史账目动手脚。如修改报销记录，将个人开支伪装成合规支出；或调整项目成本，虚增利润以美化业绩。这种行为不仅破坏了数据的真实性，更可能导致单位基于虚假数据做出错误决策，严重干扰运营节奏，甚至引发审计危机，让单位陷入法律困境。

（3）处理阶段

财务人员在进行数据运算、报表编制时，稍有不慎就可能让外部攻击者有机可乘。他们可能会利用软件漏洞植入恶意代码，操控财务软件在数据处理中自动篡改结果，使最终生成的财务报告面目全非。这种隐蔽的篡改往往难以察觉，一旦发现，损失可能已无法挽回，单位声誉也会因数据的频繁变动而受损。

3. 信息丢失风险

信息丢失风险，这一无形却致命的威胁，始终如影随形地伴随着每一个事业单位。它就像一把悬在头顶的达摩克利斯之剑，随时可能落下，给单位的运营带来不可估量的损失。

（1）系统故障

系统故障，这一隐忧在事业单位数字化转型的浪潮中愈发凸显，成为了信息丢失的主要风险源，犹如一颗潜藏的"定时炸弹"，时刻威胁着单位的财务管理安全。随着事业单位对财务软件和信息系统的深度依赖，从基础账务处理到高端财务分析，无一不依赖于这些数字化工具。然而，系统背后的脆弱性却常常被忽视。硬件方面，设备老化、硬盘磨损、内存衰退等问题日益严重，可能导致数据存储错误、系统卡顿甚至崩溃。同时，散热不良、电源供应不稳等故障也可能引发系统异常关机，造成数据丢失。

软件方面，漏洞和兼容性问题同样不容忽视。操作系统和财务软件的安全补丁若更新不及时，就可能成为黑客攻击的入口。他们利用漏洞植入恶意程序，篡改系统文件，破坏数据结构，导致财务数据混乱。此外，不同软硬件之间的兼容性冲突也可能引发数据传输错误，造成数据丢失。例如，打印机驱动程序与财务软件不兼容可能导致报表乱码，新安装的办公自动化软件与财务系统数据交互格式错误则可能阻断数据传输。

更为致命的是电源故障。无论是市政供电问题还是单位内部配电故障，突然的电力中断都可能给财务系统带来灾难性后果。服务器、存储设备在断电瞬间可能丢失正在写入的数据，甚至损坏硬盘文件系统，使得数据恢复变得异常困难。

（2）自然灾害

自然灾害，诸如火灾、洪水、地震等，以其不可预测性和巨大的破坏性，时刻威胁着事业单位的财务信息安全。这些自然灾害的发生，往往能在极短的时间内彻底摧毁单位的办公设施，包括那些至关重要的存放财务资料的服务器机房和档案室，给单位带来难以承受的损失。

1）火灾

火灾，作为最常见的自然灾害之一，其高温和火焰能够迅速吞噬一切可燃物。在火灾中，纸质财务档案几乎无法幸免，它们会在熊熊大火中被焚烧殆尽。这些档案中记录了单位的历史财务数据、重要合同、审计资料等关键信息，一旦丢失，将给单位的财务管理带来极大的困难，甚至可能导致法律纠纷和财务欺诈的风险增加。

2）洪水

洪水，以其迅猛的水势和广泛的淹没范围著称。在洪灾中，单位的电子数据存储设备可能因长时间浸泡在水中而遭受严重的物理损坏。硬盘、内存条、主板等核心部件在洪水的侵蚀下极易发生短路、腐蚀等问题，导致数据无法读取或恢复。此外，洪水还可能引发电力中断，使得正在运行的服务器和存储设备突然关机，进一步增加数据丢失的风险。

3）地震

地震作为一种强烈的自然灾害，其震动波能够破坏建筑物的结构稳定性，导致墙体开裂、屋顶塌陷等严重后果。在地震中，服务器机房和档案室可能因建筑物倒塌而被掩埋或损坏，使得存放在其中的财务资料和设备遭受重创。地震还可能引发火灾、爆炸等次生灾害，进一步加剧财务信息的丢失风险。

（3）人为错误

在日常工作中，员工可能会因为疏忽大意而误删除重要财务文件、格式化存储设备，或者在数据迁移过程中操作失误，导致源数据被覆盖或丢失。此外，部分员工可能缺乏数据备份意识，没有按照规定定期备份财务数据。一旦遭遇突发情况，这些员工就只能眼睁睁地看着数据丢失，而束手无策。这种因人为错误导致的数据丢失事件，往往因为其可预防性而让人感到痛心疾首。

信息丢失风险不仅会给单位的财务管理带来混乱，更可能因数据恢复困难而阻碍单位的持续稳定发展。一旦关键财务数据丢失，单位可能需要投入大量的人力、物力和财力进行数据恢复。然而，数据恢复并非易事，特别是在自然灾害或硬件损坏的情况下，恢复过程可能充满挑战。即使数据得以恢复，也可能因为记忆模糊、原始凭证缺失等问题而导致数据准确性大打折扣。这将给单位的预算编制、投资决策、财务分析等关键工作带来极大的困难，甚至可能导致单位在市场竞争中处于不利地位。

四、晋升难且工作成果难以直观展现

在事业单位的财务管理体系中，会计人员扮演着至关重要的角色。然而，由于会计工作的专业性和单一性，这一群体在晋升方面往往面临着比其他岗位更多的挑战。这些挑战不仅源于职业发展的内在规律，更与会计工作本身的特性密切相关。

会计工作的专业性要求会计人员具备扎实的财务知识和丰富的实践经验。他们需要对会计准则、税法法规、财务报表编制等方面有深入的了解，并能够准确、高效地处理各种财务数据。然而，这种专业性也导致了会计人员的工作成果往往难以被领导和同事直观看到。与销售人员可以直观展示业绩、研发人员可以直接展示创新成果不同，会计人员的工作更多地体现在幕后，他们的努力往往被隐藏在复杂的财务报表和烦琐的账务处理过程中。

这种工作成果的难以直观展现，使得会计人员在晋升时面临着更大的困难。领导和同事往往难以准确评估会计人员的工作能力和贡献，从而难以给予他们应有的认可和晋升机会。这种情况不仅让会计人员感到孤独和挫败，还可能影响他们的工作积极性和职业发展。

此外，会计工作的单一性也是导致晋升难的原因之一。与多元化、创新性的工作岗位相比，会计工作的内容相对固定和单一。会计人员需要日复一日地处理各种财务数据，进行账务处理、报表编制等工作。这种重复性的工作容易让会计人员产生职业倦怠感，也限制了他们在职业发展上的多样性和可能性。

第二节　预算管理与控制问题

一、预算编制环节乱象丛生

从外部环境审视，政策导向与社会需求的不断变化给预算编制工作带来了诸多挑战。随着国家对民生领域投入焦点的转移以及行业标准规范的持续更新，事业单位必须迅速响应，调整预算规划以适应这些新要求。然而，由于信息获取的滞后性和解读的不及时性，事业单位往往难以准确把握政策的脉搏，导致预算规划与政策要求之间存在偏差。以教育事业单位为例，当国家大力推动素质教育并新增多项特色课程要求时，部分学校由于未能提前预判师资培训、教材教具采购等方面的资金需求，导致预算编制出现疏漏。这不仅影响了后续课程的顺利开展，也阻碍了教育政策的充分落实。

从内部协作的角度来看，部门间的沟通壁垒成为制约预算编制有效性的关键因素。业务部门在申报预算时，往往过于强调自身业务拓展的重要性，倾向于夸大业务的复杂性和规模，以便为后续工作预留更多的"弹性空间"。这种行为导致了预算松弛的问题日益严重。与此同时，财务部门在审核预算时面临着专业局限性的挑战。由于缺乏对业务细节的深入了解，财务部门在审核过程中往往力不从心，难以准确判断预算的合理性和必要性。因此，财务部门往往只能无奈妥协，允许不合理的预算通过审核。这种妥协直接导致了整体预算的膨胀和资金的分散使用。有限的资金被浪费在低效益的项目上，而关键的公共服务核心项目却面临资金短缺的问题，严重影响了事业单位的服务质量和效率。

二、预算执行把控"漏洞百出"

受限于缺乏先进的信息化技术支持，事业单位难以实时追踪资金的每一笔流向，也无法精确掌握各个项目的预算执行进度，就像在迷雾中航行，方向不明。一些重点科研项目在不知不觉中已经超出了预算范围，资金链处于极度紧张的状态。然而，由于信息反馈的严重滞后，管理层对此毫无察觉，错失了最佳的调整时机。直到危机全面爆发，事业单位才匆忙采取措施应对，这不仅严重阻碍了科研项目的正常进展，甚至对整个单位的正常运转构成了威胁。

三、预算调整随意性

在面对临时性政策任务或突发公共事件时，部分事业单位暴露出缺乏严谨、规范的预算调整机制的问题。这些单位往往仅凭上级领导的口头指示或部门间简单草率的申请，就随意挪用其他项目的资金，擅自变更预算明细，完全忽视了预算应有的严肃性和连贯性。以某卫生事业单位为例，在应对突如其来的疫情时，该单位未能按照规定的流程进行充分的评估和审批，就急匆匆地将原本用于常规医疗设备采购的资金转用于防疫物资的储备。虽然这一举措在短期内解了燃眉之急，确保了防疫物资的充足供应，但长期来看，却给单位的常规业务带来了严重的负面影响。由于医疗设备的短缺，该单位的常规医疗服务受到了极大的限制，许多原本可以进行的检查和治疗项目不得不暂停或推迟。这不仅打乱了整体的服务节奏，降低了服务质量，还可能导致患者的不满和投诉增加，进一步损害了单位的声誉和形象。这种随意挪用资金、变更预算的行为，还可能引发一系列的管理问题和财务风险。它破坏了预算的严肃性和连贯性，使得单位在资金管理和使用上失去了应有的约束和规范。这不仅可能导致资金的浪费和滥用，还可能给单位的长远发展带来潜在的隐患。

第三节　成本控制与资产管理问题

一、成本核算体系粗糙简陋

由于事业单位的业务活动涵盖教育、科研、医疗等多个领域，具有高度的多样性和复杂性，因此，对成本核算的准确性和精细度提出了极高的要求。

然而，当前许多事业单位所采用的成本核算方法，却往往难以达到这一标准。这些成本核算方法大多无法清晰地区分直接成本与间接成本，也未能将成本合理地分摊到各个项目或服务环节。以科研事业单位为例，一个大型科研项目的实施，往往需要多个部门的紧密协作，涉及多种设备的使用，以及众多科研人员的智慧和劳动。然而，由于成本核算的不精细，这些复杂的成本构成往往被笼统地归为一类，无法确切地反映出每个环节的成本消耗。这种成本核算的模糊性，不仅导致了项目成本评估的不准确，还可能引发一系列的问题。一方面，它可能导致资金的浪费。由于无法准确掌握每个环节的成本消耗，事业单位在分配资金时往往缺乏依据，可能出现资金分配不合理、使用效率低下的情况。另一方面，它也不利于后续项目的成本优化。由于无法从过去的项目中总结经验教训，事业单位在策划和实施新项目时往往难以进行有效的成本控制，从而增加了项目的风险和不确定性。

二、成本控制手段单一

（一）表面化的削减开支措施

在成本控制方面，大多数事业单位往往局限于采取一些表面化的措施削减开支，例如降低差旅费标准、压缩会议经费等，这些手段虽然看似直接有效，但实际上只是成本控制的冰山一角。这些措施往往只能带来有限的成本节约，而且可能会对员工的积极性和单位的运营效率产生负面影响。例如，过低的差旅费标准可能会限制员工的出行，影响业务的正常开展；而过度压缩会议经费则可能导致会议质量下降，影响决策效果。

（二）缺乏系统的供应商管理与比价议价机制

在采购环节，众多事业单位面临着一系列亟待解决的严峻挑战，其中最为棘手的是缺乏一套系统化的供应商管理与比价议价机制。这一问题犹如一颗潜藏的"定时炸弹"，对单位的采购作业乃至整体运营造成了诸多不利影响。

许多事业单位在供应商管理上呈现出"游击战"式的散乱状态，未能与优质供应商建立起稳固的长期合作关系，反而陷入频繁更换供应商的恶性循环。这种短视行为部分源于对供应商价值的认知缺失。优质供应商不仅能稳定提供符合质量标准的商品和服务，还能在紧急情况下迅速响应，确保单位业务的顺畅运行。然而，事业单位未能深刻认识到这一点，轻易放弃了与优质供应商深入合作的机会，转而不断尝试新供应商，导致采购流程充满不确定性。例如，在办公用品采购中，频繁更换供应商使得纸张质量、油墨色泽等标准难以统一，影响了员工的使用体验和工作效率。

频繁更换供应商还大幅提升了采购的不确定性。新供应商的引入需要重新磨合沟通方式、交货周期等细节，极易因信息不对称引发误解和延误。以某事业单位采购专业设备为例，因临时更换供应商，新供应商对单位的特殊安装调试要求了解不足，导致交付时间推迟，严重影响了项目推进进度，甚至可能面临违约风险。

更为严重的是，这种行为导致采购成本居高不下。与长期合作供应商相比，新供应商在初次合作时需要更高的成本来保障自身利润和风险应对，这些成本最终会转嫁给事业单位。同时，频繁更换供应商意味着失去了批量采购带来的价格优惠，无法形成规模效应降低成本。

此外，事业单位缺乏有效的供应商评估体系，难以确保采购到性价比最优的商品和服务。在评估供应商时，不少单位仅关注产品价格这一单一维度，忽视了产品质量稳定性、售后服务及时性与专业性等关键要素。例如，在采购电子设备时，只看重价格低廉，却忽视了设备故障率和维修响应速度，导致整体使用成本远超预期。甚至有些单位在选择供应商时缺乏严谨的背景调查，若不慎引入不良供应商，还可能面临假冒伪劣产品、商业欺诈等风险，给单位带来巨大损失。

（三）业务流程烦琐复杂

事业单位的业务流程往往烦琐复杂，部门间的协调不畅，导致大量的时间和人力成本被耗费在内部沟通与重复作业上。这种低效的业务流程不仅降低了工作效率，还增加了整体的运营成本。例如，一个项目可能需要经过多个部门的审批和协调才能完成，每个部门都有自己的标准和流程，缺乏统一的管理和协调机制，导致项目进展缓慢，成本不断攀升。

🔷 第四节　财务分析与决策问题

一、前瞻性财务规划缺失的挑战

事业单位在进行财务规划时，若仅局限于当前的资金流动与资产状态，而忽视对未来 3 年至 5 年乃至更长远的财务趋势进行深入预测，将面临一系列严峻挑战。这种前瞻性的缺失不仅限制了事业单位的战略灵活性，更在外部环境快速变化时，使其处于被动地位，难以有效应对突发事件。

（一）难以应对外部环境变化

事业单位在应对外部环境变化方面面临的挑战日益严峻，这主要源于政策法规的快速更迭以及技术迭代周期的显著缩短。在这种复杂多变的外部环境下，若缺乏具有前瞻性的财务规划，事业单位往往难以预见并有效适应这些变化，从而陷入被动局面。以环保事业单位为例，随着国家对环境保护的重视程度不断提升，环保监管标准日益严格。若环保事业单位未能及时洞察这一趋势，可能导致在设备更新改造上的投入滞后，使得原有项目因不符合新标准而被迫暂停整改。这不仅意味着大量的前期投入可能化为乌有，还可能导致事业单位因无法按时完成项目而面临违约风险，进一步加剧了财务压力。

这种滞后反应可能导致事业单位在市场竞争中处于不利地位。当竞争对手已经根据新的政策法规和技术标准进行了相应的调整和升级时，事业单位可能还在为应对旧有的规则而挣扎，从而失去了抢占市场先机的机会。这不仅会影响事业单位的市场份额和盈利能力，还可能对其品牌形象和声誉造成损害。此外，外部环境的变化也可能对事业单位的资金链产生直接影响。例如，当政策法规或技术标准发生变化时，事业单位可能需要投入更多的资金用于设备更新、技术改造或人员培训等方面。若事业单位未能提前做好资金储备和财务规划，可能会因资金链断裂而面临严重的财务风险。

（二）战略投资决策失误

在战略投资层面，事业单位若缺乏前瞻性财务规划的指引，便容易盲目地深陷于传统业务的扩张之中，而对新兴技术的变革浪潮置若罔闻，忽视了其可能带来的颠覆性影响。以环保事业单位为例，这一领域的技术创新层出不穷，从高效的污染治理材料到智能化的环境监测系统，再到创新的生态修复技术，每一项都蕴含着改变行业格局的巨大潜力。然而，部分环保事业单位却未能敏锐地捕捉到这一趋势，仍然固步自封，持续地将大量资金投入传统业务领域，试图通过简单的规模扩张来保持竞争力。一方面，它们在传统污染处理设施的建设上不断追加投资，如新建污水处理厂、垃圾填埋场等，却忽视了这些传统模式在资源利用效率、环境二次污染防控等方面的局限性。随着运营成本的持续攀升，如能耗费用的增加、环保耗材价格的波动以及人力成本的上涨，这些单位的投入产出比逐渐失衡，陷入了高投入低产出的困境。

另一方面，由于忽视了对新兴技术的研发与布局，当新技术逐渐成熟并投入商业化应用时，这些事业单位往往措手不及。以新型分布式污水处理技术为例，相较于传统的集中式处理模式，它具有占地面积小、运营成本低、处理效果精准等优势，能够迅速占领市场。而那些执着于传统业务投资的环保事业单位，不仅在技术先进性上落后，市场响应速度也显得迟缓。随着市场竞争的加剧，新兴竞争对手凭借新技术优势迅速崛起，这些事业单位的市场份额被不断挤压，客户群体逐渐流失，业务订单大幅减少。

长此以往，这种短视的投资策略将严重威胁事业单位财务的可持续性。资金回笼速度减慢，大量资金被锁定在低效的传统业务资产上，无法灵活调整以应对新技术挑战或开拓新市场。同时，由于前期大规模投资导致的债务负担日益沉重，财务报表上的利润不断下滑，甚至可能出现亏损。事业单位在困境中苦苦挣扎，逐渐失去了行业影响力和发展主动权，陷入了一个难以摆脱的恶性循环。

（三）资金流动性风险增加

当事业单位缺失了对未来财务趋势的精准预测和科学规划这一至关重要的"指南针"时，资金的使用与调度便如同在黑暗中摸索，陷入一片混乱与无序之中，资金链的"梗阻"风险也随之大幅增加。在日常运营中，资金的流入与流出本应如同人体的血液循环一般，遵循着既定的节奏与规律，以确保各项工作的平稳进行。然而，由于前瞻性规划的缺失，事业单位无法依据业务发展周期、政策法规的变动预期以及市场的潜在波动等因素，提前制定出合理的资金储备、分配与周转策略。

以环保事业单位为例，环保领域的政策导向与技术革新往往如同疾风骤雨，令人措手不及。一旦环保监管标准发生突变，为了迅速达到合规要求，单位可能需要即刻投入巨额资金购置先进的污染监测设备、升级处理工艺设施。这些设备不仅价格昂贵，而且其安装调试、人员培训等配套环节也需要大量的资金投入，资金需求瞬间激增。同样，当新技术浪潮汹涌而来，为了抢占市场先机、避免被淘汰，投入资金进行前沿技术研发便成为环保事业单位的必然选择。从组建科研团队、采购实验器材，到开展一系列复杂而漫长的实验研究与试点应用，每一个环节都仿佛是一个资金的"黑洞"，不断吞噬着单位的有限财力。

若此时事业单位的资金流动性不足，便如同行驶在高速公路上即将耗尽燃料的汽车，后果将不堪设想。一方面，日常运营开支将难以为继，员工薪资发放可能面临延迟，办公物资采购也将受到阻碍，从而直接影响到工作效率与员工士气。另一方面，债务违约的风险将急剧上升，无论是为业务扩张所借的长期贷款，还是短期应付的账款，一旦逾期未还，不仅会严重损害单位的信誉，还可能面临法律诉讼、高额罚息等困境，进一步加剧财务危机。更为严重的是，由于缺乏流动性资金，当面对难得的发展机遇时，事业单位也只能望洋兴叹，无力拓展新业务、开拓新市场，从而错失发展的良机，陷入停滞甚至倒退的恶性循环之中。

因此，事业单位必须高度重视对未来财务趋势的预测与规划工作，建立起科学、合理的资金管理体系，以确保资金的流动性和安全性，为单位的稳健发展提供坚实的财务保障。

二、风险预警机制的缺陷

事业单位的风险预警机制在保障单位稳定运营和持续发展方面起着至关

重要的作用。然而，目前许多事业单位的风险预警机制存在两大主要问题，这些问题不仅影响了预警机制的有效性，还可能对事业单位的长远发展构成严重威胁。

（一）财务风险指标体系不健全

财务风险指标体系是风险预警机制的核心组成部分，它通过对一系列关键财务指标的监测和分析，帮助管理层及时发现潜在风险。然而，目前许多事业单位的财务风险指标体系都存在不健全的问题，主要表现为以下几方面。

1. 指标选取单一

风险预警指标体系，本应如同船上的全方位雷达系统，能够敏锐捕捉并预警各种潜在危机，为事业单位的平稳航行提供坚实的保障。然而，遗憾的是，众多事业单位在构建这一关键体系时，却陷入了指标选取的局限性之中，仿佛只依靠着一台老旧的望远镜来观测浩瀚的海洋，视野狭窄，隐患重重。

在日常的风险监测实践中，许多事业单位过于依赖偿债能力、流动性等基础财务指标，将它们视为衡量单位运营稳健性的唯一标尺。诚然，偿债能力指标如资产负债率、流动比率等，能够直观地反映单位在债务清偿方面的能力，帮助管理层判断债务负担是否适中、资金链是否安全；而流动性指标如现金流动比率、速动比率等，则能够精准地体现单位资金的灵活性和应对突发资金需求的能力。这些基础财务指标就像是单位财务体系的基石，为管理层提供了重要的决策依据。

然而，仅仅依赖这些基础财务指标，如同盲人摸象，无法全面感知风险的复杂性和多样性。政策变动敏感度便是一个常被忽视的关键因素。在我国，事业单位深受政策导向的影响，政策的一丝波动都可能引发单位运营模式、资金流向乃至发展战略的重大调整。例如，随着环保政策的日益严格，那些涉及能源消耗和污染排放的事业单位，如果未能将政策变动敏感度纳入风险预警体系，一旦面临新的环保要求，可能会因准备不足而陷入设备升级资金短缺、业务受限的困境，甚至可能因违规而遭受重罚，导致发展势头骤然中断。

此外，行业竞争压力也是一个不容忽视的重要风险点。随着市场经济的深入发展，事业单位所处的行业生态日益多元化、竞争日益激烈。即便是传统的上具有垄断性质的行业，如今也面临着新兴业态和民营资本的强烈冲击。

以文化事业单位为例，过去它们主要依赖政府拨款和场馆运营等传统业务维持运营，竞争压力相对较小。然而，随着线上文化产业的蓬勃兴起，各类私人艺术培训机构和数字文化平台如雨后春笋般涌现，不断抢夺市场份额。如果事业单位仍然只关注基础财务指标，对行业竞争压力视而不见，那么当市场份额被蚕食、观众流失时，它们可能会后知后觉，等到财务报表显示收入大幅下降时才如梦初醒，但此时已错失应对良机，只能陷入被动防御的境地。

这种指标选取的局限性，使得事业单位的风险预警体系如同一座根基不稳的危楼，虽然表面看起来有坚实的财务指标支撑，但在面对复杂多变的市场风险和经营风险时却显得摇摇欲坠。无法全面、准确地描绘出单位面临的风险全貌，导致管理层在决策时如同在迷雾中航行，难以制定出具有前瞻性和针对性的应对策略。长此以往，单位的发展之路必将布满荆棘和陷阱，稍有不慎就可能陷入万劫不复的境地。

2. 缺乏针对性

在复杂多变的市场环境中，每个事业单位都如同独特的岛屿，面临着各自独特的业务环境和风险挑战。因此，财务风险指标体系的构建，理应成为一座精准的灯塔，为事业单位照亮前行的道路，及时预警潜在的风险。然而，现实情况却并非如此。许多事业单位在构建指标体系时，往往陷入了"拿来主义"的陷阱，直接照搬其他单位的做法，而缺乏对自身业务特点和风险类型的深入分析，导致指标体系如同一张模糊不清的地图，无法指引单位正确规避风险。

不同的事业单位，其业务性质、运营模式、市场环境以及发展阶段都可能存在显著差异。例如，教育事业单位可能更关注教育资源的合理配置和教育质量的提升，而医疗卫生事业单位可能更侧重于医疗服务的可及性和医疗质量的保障。同样，科研事业单位面临的可能是科研成果转化和科研经费管理的风险，而文化事业单位则关注的可能是文化产业的创新和市场竞争的压力。因此，财务风险指标体系的构建必须紧密结合单位的实际情况，才能精准反映单位面临的风险状况。然而，许多事业单位在构建指标体系时，却忽视了这一点。它们往往直接套用其他单位的指标体系，或是简单地进行一些表面上的修改和调整，而没有深入探究这些指标是否真正适用于自身的业务特点和风险类型。这种做法不仅无法准确反映单位面临的风险状况，还可能误导管理层做出错误的决策。例如，如果一个事业单位照搬了其他单位的偿债能力指标，而没有考虑到自身业务模式的特殊性，那么这些指标可能无法准确反映单位在债务清偿方面的实际能力，从而导致管理层对单位的财务状况产生误判。此外，缺乏针对性的指标体系还可能导致资源的浪费和效率的低下。由于指标体系无法准确反映单位面临的风险状况，因此管理层在制定应对策略时可能会偏离实际，将资源投入到并不真正需要的地方。这不仅会浪费宝贵的资源，还可能降低单位的运营效率和市场竞争力。

3. 指标更新滞后

随着市场环境的变化和业务的发展，事业单位面临的风险也在不断变化。许多事业单位在构建财务风险指标体系后，陷入了"静态"的困境，缺乏更新和维护的意识，导致指标体系无法及时捕捉并反映新的风险类型和特征。这种滞后性不仅削弱了风险预警的有效性，还可能使事业单位在面临风险时措手不及，陷入被动局面。

以某传媒事业单位为例，其业务原本主要依赖于传统广告收入。然而，随着新媒体的蓬勃发展和消费者行为的变化，传统广告市场遭受了巨大冲击，市场份额逐渐流失。令人遗憾的是，该事业单位在构建财务风险指标体系时，未能充分考虑到新媒体冲击对业务可能产生的影响，也缺乏反映市场份额流失风险的指标。因此，当传统广告业务收入开始下滑时，管理层并未能及时洞察到这一危机信号，而是等到经营陷入困境、收入锐减时才匆忙应对。这一案例充分暴露了财务风险指标体系不健全、更新滞后对事业单位可能造成的严重后果。

（二）预警阈值设定缺乏科学依据

预警阈值是风险预警机制中用于判断风险是否达到预警级别的关键参数。然而，目前许多事业单位在设定预警阈值时存在缺乏科学依据的问题，主要表现为以下方面。

1. 依赖历史经验

在当今这个瞬息万变、不确定性极高的经济环境中，风险预警机制对于确保事业单位的稳健运行宛如一道不可或缺的"安全闸门"，而预警阈值的精准设定则是这一机制效能发挥的关键所在。遗憾的是，众多事业单位在设定预警阈值时，却陷入了过度依赖历史经验和行业平均水平的窠臼，缺乏对未来发展态势和市场变革的深刻洞察。

从实际操作的角度来看，依赖历史经验似乎具有天然的简便性，无须耗费大量的人力、物力进行深入的调研和前瞻性分析。事业单位往往倾向于回顾过往几年的数据，选取一个相对稳定的数值范围作为预警阈值，或者直接采纳同行业普遍采用的标准。例如，在预算支出预警上，它们可能会基于过去几年的月度或季度平均支出水平，经过简单的比例调整来确定预警线；在项目成本管控预警方面，则可能直接套用行业的平均成本消耗率来评估自身项目的风险状况。

然而，这种看似稳妥的做法实则暗藏危机。一方面，历史经验仅仅是对过往情况的总结，难以准确反映事业单位自身发展轨迹的动态变化。随着业务的拓展和战略方向的调整，过去的支出结构和成本构成模式可能已经发生了显著变化。某项曾经微不足道的业务开支，如今可能因业务重点的转移而大幅增加；传统的项目实施方式被新技术、新模式取代后，成本消耗的速度和模式也与以往大相径庭。如果一味拘泥于历史数据，就如同驾驶一艘仍依赖古老航海图的船只，在面对全新的海域环境时，极易迷失方向，错过关键的风险预警信号，使预警机制形同虚设。

另一方面，盲目参照行业平均水平更是一种缺乏针对性的"拿来主义"。每个事业单位都有其独特的组织架构、业务特色和服务对象，所处的地域经济环境、政策导向也各不相同。行业平均水平虽然提供了一个大致的参考框架，但无法兼顾每个单位的特殊性。例如，一家位于一线城市、专注于前沿科研的事业单位，与同行中位于三四线城市、以基础服务为主的单位相比，在人力成本、设备采购以及科研投入产出等方面存在着显著的差异。如果不加区分地套用行业平均水平来设定预警阈值，要么会导致预警过于敏感，频繁发出虚假警报，干扰正常业务的进行；要么会使预警严重滞后，当真正的风险来临时却未能及时触发预警，导致单位错失应对的最佳时机，陷入被动局面。

这种缺乏前瞻性和针对性的预警阈值设定方式，使事业单位难以准确把握自身面临的实际风险状况，就像在黑暗中摸索前行而没有精确的导航指引。长此以往，一旦遭遇市场波动、政策调整或内部管理危机等突发事件，单位极易因预警机制的失灵而陷入困境，甚至可能危及以往积累的发展成果。

2. 缺乏动态调整

在快速变化的市场环境和持续发展的业务背景下，预警阈值的动态调整是确保风险预警机制有效性的关键所在。然而，令人遗憾的是，许多事业单位在初次设定预警阈值后，往往陷入了僵化的陷阱，缺乏必要的调整意识，这使得预警机制在面对新的风险状况时显得力不从心。

市场环境是不断变化的，新的竞争格局、技术进步、政策调整等因素都可能对事业单位的经营产生深远影响。例如，随着行业竞争加剧，原本稳定的市场份额可能面临被侵蚀的风险，这就需要预警机制能够敏锐地捕捉到市场份额变化的信号，及时调整预警阈值以反映这种风险。同样，技术进步可能带来成本结构的优化或产品线的更新，这也要求预警阈值能够随之调整，以准确反映这些变化对单位财务状况的影响。

此外，事业单位自身业务的发展也是预警阈值需要动态调整的重要因素。随着业务的拓展和深化，事业单位可能进入新的市场领域，面对不同的客户群体和服务需求，这往往伴随着新的风险和挑战。例如，进入新兴市场可能需要投入更多的研发资金或营销费用，而传统的预警阈值可能无法准确反映这种新增的成本压力。同样，随着业务规模的扩大，事业单位可能面临更加复杂的供应链管理和资金调度问题，这也要求预警机制能够及时调整，以应对新的风险点。然而，许多事业单位在设定预警阈值后，往往忽视了这些变化，缺乏主动调整的意识。这可能是由于管理层对风险预警机制的重要性认识不足，或是由于内部沟通机制不畅，导致业务部门无法及时向风险管理部门反馈新的风险状况。另外，一些事业单位可能缺乏足够的数据支持和分析能力，无法准确评估预警阈值调整的必要性和合理性。

这种缺乏动态调整的做法，使得预警机制在面对新的风险状况时显得迟钝和无力。当市场环境或业务发生显著变化时，预警机制可能无法及时发出预警信号，导致事业单位错失应对风险的最佳时机。更糟糕的是，由于预警机制的失效，事业单位可能无法准确评估自身的风险承受能力，从而做出过于冒险或过于保守的决策，进一步加剧风险的暴露。

3. 忽视行业差异

忽视行业差异在事业单位风险管理和预警机制设定中是一个不容忽视的

问题。不同行业因其特有的业务模式、市场环境、政策法规等因素，面临着各不相同的风险类型和风险特征。因此，在设定预警阈值时，必须充分考虑行业特点，以确保预警机制的有效性和准确性。然而，遗憾的是，许多事业单位在实践中往往忽视了这一点，导致预警机制无法精准反映其所处行业的实际情况。

以医疗事业单位为例，医疗行业的风险具有其独特性。随着医保支付政策改革、患者就医习惯的变化以及医疗技术的不断进步，医疗事业单位的资金运营正面临着诸多挑战。医保支付政策的调整可能影响医疗服务的报销标准和支付周期，从而直接影响医疗事业单位的资金回笼速度；患者就医习惯的变化，如更倾向于选择高端医疗服务或远程医疗服务，也可能对医疗事业单位的收入结构和资金流动性产生影响。

在上述案例中，某医疗事业单位设定的资金周转率预警阈值未能充分考虑医保支付政策改革和患者就医习惯变化对资金运营的影响。因此，当这些外部因素发生变化时，预警机制未能及时发出预警信号，导致资金周转问题持续恶化。这不仅影响了医疗服务的正常提供，降低了患者的就医体验，还可能削弱了医疗事业单位的竞争力，使其在激烈的市场竞争中处于不利地位。

三、绩效评价与财务决策的割裂

在当今日益激烈的竞争环境中，事业单位犹如航行在浩瀚大海中的船只，绩效评价与财务决策则如同舵与帆，本应紧密协作，引领船只破浪前行。然而，现实情况是，众多事业单位正面临绩效评价与财务决策之间的脱节，如同航行中失去了平衡，在波涛中摇摆不定，风险四伏。

科研事业单位过分强调论文发表的数量，科研人员为此夜以继日地耕耘于实验室，却忽略了科研成果背后的经济价值和学术影响力。论文虽多，但其中真正转化为实际效益的却寥寥无几。同样，文化事业单位则沉迷于演出场次的统计，场次虽多，但观众寥寥，成本高昂，收益微薄，演出场次与财务投入产出的关联分析缺失，导致资源利用效率低下。这种过度关注业务成果量化的绩效评价模式，使得财务决策在制定过程中如同盲人摸象，忽视了绩效评价所提供的宝贵资源使用效率信息。资金如同无头苍蝇般盲目流向各个业务板块，导致资金配置严重失衡。

以某体育事业单位为例，其为了追求赛事成绩的卓越，不惜重金投入运动员培训。运动员们经过刻苦训练，在赛场上屡创佳绩，然而，管理层却未能深入剖析这背后的财务真相。一方面，他们未能准确衡量运动员培训成本与赛事成绩提升所带来的商业收益之间的关系，虽然荣誉众多，但经济回报却寥寥无几。商业赞助未能如期而至，门票收入也未能实现同步增长，赛事的商业价值未能得到有效挖掘。另一方面，由于资金过度集中于运动员培训，场馆设施的维护升级被严重忽视。观众体验大打折扣，负面口碑迅速传播，进一步影响了赛事的吸引力和商业价值。

这种绩效评价与财务决策的断层，如同事业单位发展道路上的隐形暗礁，时刻威胁着其稳健前行。财务决策本应基于绩效评价的精准洞察，以实现资源的优化配置和效益最大化。然而，当前二者之间的断层使得财务决策如同无头苍蝇般盲目，无法为事业单位在激烈的市场竞争中提供有力支持。长此以往，单位的发展活力将逐渐消退，竞争力也将日益下滑，最终可能面临被淘汰的命运。

第五章 会计工作变革的必要性与方向

◈ 第一节 会计工作变革的必要性分析

一、法规政策更新的要求

在当今快速发展的时代背景下，国家的法律法规体系正如同一座不断攀升、持续精进的摩天大楼，经历着不断的修缮与扩建。特别是在财务会计、预算管理、审计监督等与事业单位经济活动息息相关的核心领域，政策更新效率显著提高，犹如春雨般连绵不绝的新会计准则纷纷出台。这些准则旨在进一步提升会计信息的质量，对各类经济业务的确认、计量、记录及报告都设定了更为精确且严格的规范。

以固定资产折旧的核算为例，新政策摒弃了以往较为粗放的处理方式，而是根据资产性质、使用年限等多个维度进行细致分类，要求事业单位采纳更加科学合理的折旧算法，从而真实地反映资产的价值损耗情况。这一变革要求会计人员摒弃旧有的思维定式，积极学习并掌握全新的核算细则。

在预算管理层面，政策的更新聚焦于增强预算编制的科学性、执行的严肃性以及绩效评价的有效性。政府部门日益强调预算与单位战略目标的紧密结合，事业单位必须摒弃传统的"基数加增长"编制模式，转而采用零基预算等先进手段，从业务活动的源头出发，全面梳理收支需求，合理配置有限资金。在预算执行过程中，需建立严格的监控机制，确保每一笔资金的流向和使用进度都处于严密监管之下。一旦出现预算偏离计划的情况，必须及时调整并说明原因。此外，预算完成后的绩效评价成为衡量事业单位资金使用效益的关键一环，评价指标体系日益多元化和精细化，涵盖了社会效益、经济效益、服务质量提升等多个维度，促使事业单位不仅要"花钱"，更要"花好钱"，确保每一分财政资金都能发挥最大效用。

审计监督领域同样经历着深刻变革，审计标准愈发严格，监督范围持续扩大。传统的财务收支审计正逐步向管理审计、效益审计深化拓展，这意味着事业单位的内部管理流程、决策机制、资源配置效率等各个方面都被纳入了审计的工作范畴。不定期的专项审计与常态化的内部审计相辅相成，对会计工作的规范性、财务数据的真实性、内部控制的有效性进行全面"体检"。一旦发现违规问题，如虚报项目套取资金、违规挪用专项资金等，必将受到严厉惩处。

二、公共财政改革的推动

近年来，我国公共财政体系改革深入推进，其影响深远，成效显著。在预算管理、绩效评价、政府采购等核心领域，制度优化与革新层出不穷，对事业单位的经济活动产生了深远影响。

在预算管理方面，新预算制度的出台打破了传统模式的束缚，构建了一个全口径、全过程、全方位的预算管理体系。全口径预算将一般公共预算、政府性基金预算、国有资本经营预算以及社会保险基金预算，全部纳入管理范畴，这对事业单位会计人员提出了更高要求，他们需具备宏观视野，精准核算和汇总不同资金来源与去向，确保预算编制的完整性，避免资金游离于监管之外。在编制年度预算时，事业单位需全面梳理各类资金对应的业务项目，并将其纳入预算草案，使预算真正成为单位经济活动的全面规划。同时，全过程预算管控的引入，要求事业单位在预算编制、执行、调整、决算等各个环节实施精细化管理。利用信息化工具提升预算编制的科学性与精准度，建立实时动态监控机制，及时发现预算执行偏差，并严格遵循法定审批流程进行调整，确保资金变动有据可依。

绩效评价体系的革新则是公共财政改革中的一大亮点。从早期的简单财务指标考核，到如今兼顾财务与非财务指标、定量与定性分析相结合的综合性评价，事业单位会计工作不再局限于收支账目的记录，而是深度融入绩效评价流程。在项目立项阶段，会计人员需与业务部门协同，依据项目目标设定可量化的绩效指标，如文化事业单位展览的观众人次、满意度及文化传播影响力等，并精准预估项目成本。项目实施过程中及结束后，持续收集、整理与分析相关数据，为绩效评价报告的生成提供客观、翔实的数据支撑，真实地反映项目投入产出效益，让绩效评价成为衡量事业单位社会服务成效的"标尺"。

政府采购领域同样经历了显著变革。随着政府采购制度的优化升级，采购流程日趋规范透明，采购范围逐步扩大，采购方式也更加多元化。事业单位作为政府采购的重要参与者，会计工作在其中发挥着至关重要的监督作用。在采购预算编制阶段，会计人员需根据单位业务需求与资产配置标准，严格审核采购项目的必要性、合理性及预算金额的准确性，防止超标准、超预算采购。在采购执行阶段，严格按照政府采购法规与合同约定支付采购款项，核对凭证确保资金支付安全合规，并准确记录采购成本。例如，在购置科研设备时，会计人员需全程跟进采购流程，从预算审核、招标评标监督到设备验收后的款项支付，其间严谨核算各项开支，确保政府采购资金的规范使用和清晰核算。

三、信息化技术的驱动

信息技术的迅猛发展，如同一场席卷全球的科技革命，其力量之大，足以重塑世界的每一个角落。在这场革命中，大数据、云计算、人工智能等前沿技术犹如璀璨星辰，为事业单位会计工作带来了前所未有的变革机遇，引领着会计行业迈向数字化、智能化的新纪元。

（一）大数据技术

大数据技术，这座仿佛蕴藏着无尽星辰与价值的信息宝库，正以一股颠覆性的力量，引领事业单位会计工作迈向全新的境界，为其源源不断地注入丰富而多元的数据资源。在数字化浪潮的席卷之下，事业单位内部的各个业务系统犹如一台台精密的机器，紧密相连、协同运转。而大数据技术，则像是一条无形的纽带，将教务管理、医疗信息、科研项目管理等各个系统紧密地串联在一起。

1. 高等教育事业单位

以高校为例，教务管理系统完整详细地记录着学生们的每一次课程选择、每一门课程的学分设置、每一学期的学业考核成绩，以及他们参与各类学术竞赛、实践活动等全周期数据。当大数据技术融入其中，会计人员便如同拥有了一双"透视眼"，能够实时洞察这些繁杂的教育业务流程，精准捕捉学生培养过程中的每一个数据细节。这些数据不再是简单的数字堆砌，而是构成高校人才培养成本的关键要素。

2. 医疗事业单位

在医疗事业单位领域，医疗信息系统承载着患者健康与医院运营的海量核心信息。患者个人基本信息、详细的诊疗记录，包括每一项检查的执行情况、每一种药品的使用剂量与频次、每一次手术的复杂程度与耗材消耗，乃至康复期间的随访数据，都被完整地录入系统。通过大数据的互联互通，会计人员能够深入其中，将这些原本分散在各个科室、各个诊疗环节的数据全部汇聚整合起来。

3. 科研事业单位

对于科研事业单位而言，科研项目管理系统则如同科研创新的记事本，记录着每一步的探索与突破。从科研项目的立项申报到预算规划，从项目推进过程中的阶段性成果到人员投入、设备采购与租赁，再到结题验收时的成果转化评估，所有环节都在大数据的监控之下。会计人员借助大数据的力量，能够实时监控科研资金的流向与使用效益，为科研经费的精细化管理提供有力的数据支持。

会计人员所获取的这些数据，已远超传统财务收支信息的范畴，它们如同细密的探针，深入到业务活动的每一个角落。然而，面对海量原始数据的涌入，如果不加以有效的处理与利用，就会导致会计工作陷入混乱。此时，先进的数据处理技术便成为了会计人员手中的"利器"。

他们运用高效的数据清洗算法，精准地筛除那些重复、错误、无效的数据杂质，确保每一条进入分析流程的数据都准确无误。接着，通过智能分类技术，依据不同的业务板块和数据属性，将海量数据有条不紊地归纳整理，构建清晰明了的数据架构。最后，利用强大的整合工具，将原本孤立的业务数据碎片拼接成完整的信息画卷，让隐藏在数据背后的规律与价值得以显现。

众多成功的实践案例充分展示了大数据深度挖掘的巨大魅力。在高等教育领域，会计人员通过对历年学生培养成本的精细分析，并结合毕业生就业质量的跟踪调查数据，不仅能精确计算出每个专业培养一名合格毕业生所需的平均资金投入，还能根据就业市场的反馈，了解不同专业学生的薪资水平、职业发展路径以及对口就业率等信息。这些信息为高校管理层在优化专业设置时提供了有力的决策依据。当发现某些专业投入产出比失衡时，高校可以及时调整招生计划、优化课程体系，以及整合或淘汰部分劣势专业，从而实现教育资源的高效配置。

在医疗事业单位，会计人员可借助大数据技术对医疗耗材的使用频率与成本效益进行深入挖掘。通过对不同科室、不同病种在一定时间段内医疗耗材的使用量进行统计分析，结合相应的治疗效果，他们能够精准识别出存在过度使用现象，以及性价不高的耗材。医院管理层可以根据分析结果，与供应商进行更有针对性的谈判，争取更优惠的采购价格，优化采购目录，从源头上实现采购成本的合理控制，同时确保医疗服务质量不受影响。

（二）云计算技术

云计算技术，犹如一片浩瀚无垠、蕴含无限潜能的虚拟宇宙，为事业单位会计工作的每一个角落带来了前所未有的变革，如同甘霖滋润，开启了会计工作智能化、高效化的新篇章。回望过去，在传统会计模式下，事业单位常常受制于硬件设备的局限。算力瓶颈如同无形的枷锁，束缚了会计工作的活力与效率。面对繁复的财务数据，如庞大的资金流水核算、复杂的成本分摊计算以及海量业务数据的关联分析，老旧的服务器就像年迈的老马，虽奋力前行，却难以迅速提供精确的结果。编制月度财务报表，往往因算力不足而耗费大量人力与时间，甚至可能因数据处理滞后或错误频发而陷入尴尬境地。

同时，高昂的硬件维护成本也给事业单位带来了沉重的负担。为确保硬件设备的稳定运行，不仅需要定期采购昂贵的零部件进行更新换代，还需配备专业的运维团队进行全天候值守。一旦设备出现故障，维修期间的停机损失、数据丢失的风险以及紧急抢修的巨额费用，都如同悬在事业单位头顶的利剑，时刻威胁着事业单位的正常运转。然而，云计算平台的出现，犹如一道破晓的曙光，为事业单位会计工作提供了一种全新的资源获取模式——按需分配。就像我们使用水电一样，根据实际需求付费，事业单位可以根据业务的高峰与低谷，灵活调整所需的计算资源。在年末财务决算、重大项目审计等数据处理需求激增时，无需提前筹备硬件升级，只需轻松一点，云端便能迅速调配海量算力，快速处理堆积如山的数据。而在需求低谷时，又可适时减少资源使用，避免不必要的开支。这种弹性伸缩的机制，让事业单位在算力利用上实现了效益的最大化。

云端存储的便捷性彻底改变了会计数据管理的格局。以往，会计数据备份是一项烦琐而艰巨的任务，磁带机、移动硬盘等传统存储介质不仅容量有限、读写速度慢，还极易受到物理损坏或病毒侵袭而导致数据丢失。而现在，借助云计算的分布式存储架构，数据被自动备份至多个节点，即使某个节点发生故障，数据也能安然无恙。恢复数据时，只需一键操作，所需数据便能迅速回归原位。

云计算技术的共享功能更是让协同工作效率实现了质的飞跃。不同部门、不同地域的人员突破时间和空间的限制被网络紧紧相连。只要获得授权，无论身处繁华都市的写字楼还是偏远山区的分支机构，都能随时随地通过各类终端设备访问会计信息。市场部门人员可以实时获取最新的财务数据用于项目预算评估；审计人员在外出差时也能迅速调取账目资料进行审计；管理层即便在外地，也能随时掌握单位的财务动态并做出精准决策。

特别是在跨地区分支机构众多的事业单位中，云计算技术的优势得到了充分的展现。总部与各分支机构宛如一个紧密相连的大家庭，通过云平台共享统一的会计核算模板与数据。一方面，确保了会计政策的统一执行，从账务处理流程、会计科目设置到财务报表格式都保持高度一致，有效避免了因政策差异而导致的数据混乱与管理漏洞。另一方面，能够实时汇总分析各地的财务状况，仿佛拥有了一双"千里眼"，将分散在各地的财务数据尽收眼底。总部财务人员只需轻点鼠标，便能迅速整合各地的营收、成本、利润等数据，精准描绘出单位的整体财务画像，为集团化管理提供了坚实的支撑，助力事业单位在时代的大潮中稳健前行、乘风破浪。

（三）人工智能技术

人工智能技术，正以其独特的魅力，为事业单位会计工作带来一场深刻的变革。它不仅极大地提升了会计工作的自动化与智能化水平，还为会计人员提供了巨大的支持与帮助，使他们在工作中能够更加高效、精准地完成各项任务。

在财务分析领域，人工智能技术的应用更是为会计人员提供了强大的支持。借助人工智能驱动的分析工具，会计人员可以根据历史数据和实时数据，自动生成深入的财务分析报告。这些报告不仅涵盖了常规的财务比率分析，如资产负债率、流动比率等，还能结合行业趋势、单位战略目标等外部因素，给出前瞻性的建议。例如，人工智能分析工具不仅可以预测未来资金缺口，帮助单位提前做好资金筹措和安排；还能优化资金配置，提出合理的投资建议，使单位的资金得到更加有效的利用。

此外，人工智能技术还显著增强了会计信息的透明度与可追溯性。在传统的会计工作中，由于手工记账和纸质存储的限制，会计信息的追溯往往十分困难。而借助人工智能技术，每一笔账务处理的依据、流程都被详细记录并存储在云端数据库中。一旦出现问题或需要查询某笔账务的详细信息，会计人员只需通过简单的操作，就能迅速追溯至源头，查明原因。这种高度透明和可追溯的会计信息处理方式，不仅提高了会计工作的规范性和严谨性，还为单位的内部管理和外部审计提供了有力的支持。

通过数字化转型，事业单位将大数据、云计算、人工智能等先进技术深度融合，构建起智能化的会计信息系统，实现了会计信息从原始数据采集到最终决策支持的全链条优化。这一变革极大地提升了会计工作的效率与质量，让会计信息成为事业单位管理决策的"智慧引擎"，助力单位在数字化时代乘风破浪，勇往直前。

四、社会服务需求的多样化

随着社会经济的蓬勃发展，民众对美好生活的热切期盼，以及对公共服务品质的要求不断攀升，展现出多样化、个性化的鲜明特征。事业单位，作为公共服务的核心载体，必须紧跟步伐，不断创新，提供更加多元、贴合需求的服务以满足公众的期待。而会计工作的革新，正如船舵一般，精准地把握着事业单位经济活动与社会效益的方向，为科学决策提供坚实的支撑，助力事业单位更好地回应民众的深切厚望。

（一）教育需求

在当今这个日新月异的时代，教育领域正经历着一场前所未有的深刻变革。家长与学生已不再满足于传统的标准化课程模式，他们渴望知识的多元化探索，追求个性化的学习路径、国际化的教育视野，以及多元化的兴趣培养，以期在成长的旅途中绽放独一无二的光彩。这股变革的浪潮，如同强劲的东风，推动着教育事业单位——尤其是学校和培训机构等育人摇篮——必须紧跟时代步伐，积极寻求转型与升级。拓宽课程体系，成为迫在眉睫的任务。传统的学科课程已难以满足学生日益增长的求知欲，前沿学科知识如人工智能编程等被悄然引入课堂，为学生打开了一扇通往未来科技世界的神秘大门，让他们在代码的海洋中自由遨游，提前感知时代的脉搏，培养创新思维与实践能力。同时，国际商务礼仪等课程也备受青睐，它们帮助学生塑造优雅的社交风范，以适应全球化交流日益频繁的未来社会。这些特色课程的引入，为教育的花园增添了更加丰富的色彩，使学生们的学习体验更加多元和精彩。

与此同时，加大教育资源的投入也显得尤为重要。教育的硬件设施是知识传递的重要载体，优化教学设施势在必行。智能化实验室的建设，让学生得以身临其境地参与科学实验，借助先进的仪器设备和模拟软件，深入探索物理、化学、生物等学科的奥秘，将理论知识转化为实际操作技能。而多功能艺术展厅，则为热爱艺术的学生提供了展示才华的舞台，无论是绘画、书法、雕塑还是摄影作品，都能在这里找到属于自己的光芒，激发学生的艺术潜能，提升了他们的审美情趣。

在这一系列教育变革与发展的进程中，会计工作宛如一位幕后的"智慧守护者"，发挥着举足轻重的作用。它凭借精细入微的成本核算能力，深入到每一个新课程、新设施的筹备与运营细节之中，仔细剖析着其中的投入产出比。对于每一门新开的特色课程，会计人员都需要全面考量教材编写或采购成本、教师专项培训费用、教学设备器材购置费用等直接投入，并结合该课程预计招收的学生人数、课时安排以及可能带来的学科竞赛获奖效益等产出因素，进行全面权衡和精准决策。

以某中学计划启动的国际交流项目为例，这一项目承载着学生与家长对拓宽国际视野的殷切期望。然而，其背后涉及纷繁复杂的财务环节。会计人员需全面深入地核算项目成本。从外教聘请的薪资待遇、住宿安排、签证办理等常规费用，到学生出国交流的机票预订、境外交通、食宿安排等环节，每一项都需要精准核算，以确保预算的合理性和有效性。同时，在教材版权引进方面，会计人员还需与国际出版机构进行洽谈，确保以合理的成本获取优质的教材资源。然而，成本核算仅仅是会计工作的一部分。会计人员还肩负着结合社会效益指标综合评估项目可行性与持续性的重任。他们需要密切关注学生参与度这一关键指标，通过问卷调查、课堂反馈等方式深入了解学生对国际交流项目的参与热情与投入程度。此外，家长满意度同样不容忽视。会计人员需定期收集家长意见及建议，了解他们对项目实施效果的认可度与期望改进的方向。还要精准衡量学生国际视野的拓展程度。例如，通过对比学生参与项目前后在跨文化交流能力、国际时事了解、外语应用水平等方面的提升数据，判断项目是否真正达到了育人的目标。只有将财务数据与社会效益指标有机融合，会计人员才能为学校管理层提供一份详实、可靠且极具决策价值的报告。这份报告将确保每一分资金都能精准投入到最需要的地方，切实满足学生的多元化需求。在时代的浪潮中，教育事业将蓬勃发展，培育出更多适应未来社会的栋梁之才。

（二）医疗保健需求

在当今医疗保健领域，正涌动着一股深刻变革的潮流，民众的健康观念已实现了质的飞跃，从传统的疾病治疗模式跨越至疾病预防、康复护理及全面健康管理的崭新阶段。这一转变对医疗服务的便捷性、精准性及人性化提出了更为严格和细致的要求，引领着医疗机构这类肩负民众健康福祉重任的事业单位，勇往直前，积极拥抱变革。

1. 引进先进诊疗设备

在这场变革中，引进先进诊疗设备成为提升医疗服务水平的关键一环。

基因测序仪的引入，仿佛为医学诊断领域打开了一扇全新的大门，它能够深入探索患者的基因序列，精准识别潜在的遗传疾病风险，从而为制定个性化的疾病预防与治疗方案提供坚实的科学依据。而高端影像诊断设备，如超高清磁共振成像（MRI）、正电子发射断层扫描（PET）等，则以其卓越的成像技术和精准度，帮助医生能够敏锐捕捉到患者身体内部细微的病变迹象，极大地提高了疾病的早期诊断能力，为患者争取了宝贵的治疗时间。

2. 开设特色专科服务

在医疗机构不断追求创新与卓越的浪潮中，开设特色专科服务成为推动变革的重要力量。这些专科服务不仅丰富了医疗机构的业务范畴，更在提升医疗服务质量和满足患者多元化需求方面发挥了举足轻重的作用。康复理疗中心的建立，无疑是这一变革进程中的亮点之一。它专为术后康复、慢性病调养及意外受伤者量身打造，为其提供一个集专业、温馨于一体的康复场所。在这里，物理治疗师们凭借精湛的技艺和丰富的经验，运用先进的康复技术和设备，为患者量身定制个性化的康复方案。从关节活动度的恢复到肌肉力量的增强，从平衡与协调能力的提升到日常生活自理能力的改善，每一个细节都凝聚着物理治疗师们的智慧与汗水。他们的努力，不仅帮助患者逐步恢复了身体机能，更让他们重拾了生活的信心和勇气。而精准肿瘤治疗科室的设立，则是医疗机构变革中的一大突破。这个科室会聚了来自多个学科的专家团队，他们携手合作，共同为患者提供全方位的诊疗服务。针对患者的具体病情和基因特征，专家们采用靶向治疗、免疫治疗等前沿技术，制订个性化的治疗方案。这些方案不仅精准打击肿瘤细胞，减少了对正常组织的损伤，还大大提高了治疗效果，延长了患者的生存期，同时显著改善了他们的生活质量。除了康复理疗中心和精准肿瘤治疗科室外，医疗机构还根据患者的实际需求，开设了其他多种特色专科服务。例如，针对心理问题的心理咨询科，针对睡眠障碍的睡眠医学中心，针对疼痛管理的疼痛科等。这些专科服务的设立，不仅为患者提供了更加专业、细致的诊疗服务，也进一步提升了医疗机构的整体服务水平和市场竞争力。

在开设特色专科服务的过程中，医疗机构始终坚持以患者为中心的原则，注重患者的就医体验和感受，不断优化服务流程，提升服务质量，努力为患者营造一个温馨、舒适的就医环境。同时，医疗机构还加强与患者之间的沟通与互动，及时了解患者的需求和反馈，以便更好地为他们提供个性化的服务。

3.线上预约与远程诊疗双管齐下

在守护民众健康的征途上，医疗机构作为前沿阵地，正全力以赴地优化就医流程，引领着一场医疗服务领域的深刻变革。当前，线上预约与远程诊疗的双重策略，正携手为医疗行业带来一场颠覆性的革新。

线上预约系统，如同一座数字化的便捷桥梁，紧密连接患者与医疗机构，让高效沟通成为可能。它的问世，彻底颠覆了患者以往在医院大厅漫长排队、焦虑等待的就医体验。如今，患者只需借助智能手机、电脑等终端设备，轻松点击屏幕，即可进入医疗机构的专属线上预约平台，实现远程挂号。平台界面设计简洁明了，科室分类清晰，专家排班信息一目了然，患者可根据自身症状和时间安排，选择就诊时段。整个过程操作便捷，耗时较短。

更令人称道的是，线上预约系统还配备了智能提醒功能。在就诊日前夕，系统会自动向患者发送短信或推送消息，提醒其就诊时间、地点及所需携带的证件、病历资料等关键信息。这一贴心设计，有效地避免了患者因疏忽而错过就诊的情况，大大提升了患者的就医依从性，使就医流程更加顺畅有序。

而线上预约所积累的大数据，更是为医疗机构带来了巨大价值。通过对不同科室、不同时间段的预约热度进行深入分析，管理人员能够精准洞察患者的就医需求规律。例如，针对每周一上午心内科预约量居高不下的情况，医疗机构可提前调配更多医护人员、开放更多检查设备，以应对就诊高峰，避免患者长时间等待和医院拥堵现象，显著提升就医效率。

远程诊疗服务的开展，为医疗资源均衡分配打开了一扇新窗，让优质医疗服务的光芒照亮偏远地区的每一个角落。借助高速稳定的互联网技术，远程诊疗打破了地域限制的壁垒，实现了医疗资源的精准对接和高效利用。

对于偏远地区的患者而言，以往身患疑难病症，需长途跋涉、耗费大量时间、精力和金钱前往大城市知名医院就诊。如今，有了远程诊疗服务，患者只需在当地基层医疗机构以及医护人员的协助下，通过高清视频设备与大城市的专家进行面对面交流。专家可实时查看患者的病历资料、检查报告，借助远程医疗设备对患者进行初步身体检查，如同亲临现场般给出精准的诊断建议和治疗方案。

这种跨越时空的诊疗模式，不仅为患者节省了巨额就医成本，还大大缩短了就医等待时间，让患者能够迅速得到专业救治。同时，对于基层医疗机构而言，远程诊疗也是一次宝贵的学习提升机会。在与专家共同会诊的过程中，基层医护人员可近距离观摩学习先进的诊疗技术、临床思维，进而提升自身业务水平，为当地患者提供更优质的日常医疗服务，形成良性循环。

以某偏远山区心脏病患者为例，以往他若想得到大城市权威专家的诊断，需历经长途跋涉，耗时耗力。而现在，通过当地乡镇卫生院的远程诊疗设备，他在发病当天下午就可以与千里之外的知名心内科专家进行视频会诊。专家依据上传的检查报告和患者现场症状描述，迅速判断病情，并给出详细的治疗方案和康复建议。使患者在家门口就享受到了顶级医疗服务，病情得到及时有效控制，后续只需按专家嘱咐定期复诊即可。可以说，线上预约与远程诊疗的协同作用，正在重塑医疗机构的就医流程，为患者带来前所未有的就医便利，为医疗事业的发展注入强劲动力，推动着我们向全民健康的宏伟目标稳步前行。

然而，在这场医疗保健领域的深刻变革中，会计工作的革新同样至关重要。会计人员如同一位幕后智者，默默掌控着全局的财务脉络。他们不仅需要凭借扎实的专业技能，准确无误地记录新型医疗服务的每一笔收支明细，从设备采购、耗材消耗到特色专科服务收入、线上诊疗平台运营成本等，都要做到账目清晰、核算精确。

更为重要的是，会计人员还需构建社会效益评估模型，将那些无法用金钱衡量的非财务指标纳入考量范畴。患者康复率的提升是衡量医疗服务质量的核心指标之一。会计人员需与医疗团队紧密合作，收集患者康复前后的详细数据，通过科学的统计分析方法，量化康复效果，直观展现特色专科的治疗成效。同时，就医等待时间的缩短也是衡量医疗服务效率的重要指标。会计人员需统计患者从挂号到就诊、检查、取药等各个环节的平均耗时，并与优化前的数据进行对比，以彰显便捷服务所带来的效率提升。此外，社区健康普及活动的覆盖人数也是评估医疗机构社会效益的关键因素之一。会计人员需记录活动的组织成本、参与人数及活动反馈等信息，评估这些活动对提升民众健康意识、预防疾病所发挥的积极作用。

以某医院开设康复理疗中心为例，这一举措承载着众多患者的康复希望。

会计人员在核算成本时，需深入对设备购置、医护人员培训、场地租赁等各项支出进行精准核算。在设备购置环节，需详细梳理各类设备的采购价格、运输安装费用及后续维护保养成本；在医护人员培训方面，需考虑培训学费、差旅费及人力调配成本；在场地租赁方面，则需结合地理位置、场地面积及租赁期限等因素进行精准核算。与此同时，会计人员还需广泛收集患者康复效果、转诊率等关键数据。通过定期回访患者，了解他们在康复过程中的具体进展，以量化的数据评估康复治疗的有效性。转诊率的统计则能反映康复理疗中心在区域内的专业口碑与影响力。若转诊率持续下降，意味着康复理疗中心能够有效解决患者的康复需求，吸引更多患者前来就诊；反之，则需深入分析原因，调整运营策略。

只有将详尽的财务数据与非财务指标有机融合，会计人员才能为医院管理层提供全面、深入且具有决策参考价值的报告，助力医院精准把握康复理疗中心的运营效益，为是否进一步扩大康复服务规模、优化服务内容提供坚实可靠的决策支持。同时，也将推动医疗事业向着更高水平蓬勃发展，切实满足民众日益增长的医疗保健需求。

（三）文化艺术需求

为了满足公众日益增长的文化艺术需求，文化事业单位需要不断创新服务模式，提升服务质量。举办主题展览、文艺演出、文化讲座等活动，成为了文化事业单位回应公众期待、展现文化魅力的有效途径。这些活动不仅能够丰富公众的文化生活，还能促进文化的传承与创新，增强其民族自豪感和文化认同感。

在此过程中，文化事业单位需要投入大量的资金和资源，用于采购珍贵文物、艺术藏品，更新场馆设施，提升观展体验。这些投入不仅是对文化的尊重和保护，更是对公众文化需求的积极回应。然而，如何确保这些资金和资源得到合理、高效的使用，成为了文化事业单位面临的重要课题。

会计工作在此扮演着至关重要的角色。会计人员需要精准核算每一项文化项目的资金流向，确保资金的合理使用和有效监管。通过对项目成本的详细记录和分析，会计人员可以为文化事业单位提供准确的财务信息，帮助其更好地掌握项目的经济效益和社会效益。这不仅有助于提升单位的管理水平，还能为后续的文化活动策划提供有力的数据支持。除了资金核算外，会计人员还需要通过观众流量、满意度调查、文化影响力传播范围等指标，对项目的社会效益进行评估。这些指标能够直观地反映文化活动的社会影响力和公众认可度，为文化事业单位提供宝贵的反馈信息。例如，某博物馆举办古代文物特展时，会计人员可以详细记录文物借展、展览布置、宣传推广等费用，并结合展览期间的观众人次、社交媒体曝光量、观众对古代文化认知度的提升等情况，来衡量展览的成功度。这些数据不仅有助于博物馆优化后续的展览策划和资源投入，还能为其他文化事业单位提供有益的借鉴和参考。

此外，会计工作还可以为文化事业单位提供资金与资源配置的决策支持。通过对不同文化项目的成本效益分析和社会效益评估，会计人员可以为文化事业单位提供科学的决策依据，帮助其更好地安排资金和资源的使用。这不仅可以提高资金的使用效率，避免资源的浪费和重复建设，还能促进文化事业单位的可持续发展。

◈ 第二节　会计工作变革的方向与目标

一、变革方向

（一）深度融合数字化与智能化技术

为了构建全面数字化、智能化的会计工作生态系统，事业单位需要不断深化信息技术在会计领域的应用。

1. 进一步拓宽大数据在会计信息采集与分析中的使用范围

拓宽大数据在会计信息采集与分析中的应用范畴，是紧跟时代步伐、推动会计工作向更高层次智能化转型的必然选择。当前，事业单位不能满足于现有的数据整合成果，而应致力于全方位、深层次地挖掘大数据的潜力，使之成为会计领域精准决策与高效管理的核心引擎。

一方面，构建大数据会计生态的基石在于实现与单位内部业务系统的无缝对接。这意味着要打破信息孤岛，确保各类业务数据，如教务系统中的选课与考勤信息、医疗信息系统中的诊疗与耗材数据、科研项目管理系统中的进展与工时记录等，能够实时、准确地流入会计信息系统。通过标准化的数据接口与高效的数据传输机制，实现数据在不同系统间的自由流动，避免因数据延迟或错误导致的会计信息失真。例如，在高校中，会计系统与教务系统的深度融合，能够确保学生在选课的同时，即刻完成学分和学费的核算，实现财务信息与教学活动的同步更新。

另一方面，掌握先进的数据分析算法是解锁大数据价值的关键。会计人员需熟练运用聚类分析、关联规则挖掘、时间序列预测等前沿技术，深入探索数据背后的业务逻辑、潜在风险及发展趋势。以聚类分析为例，通过对各部门、项目的费用数据进行分类，可以准确识别出高、中、低成本的业务群体，进而深入分析各群体的成本结构特点，找出成本控制的关键点。而关联规则挖掘则能在销售与成本数据之间建立联系，精准识别销售增长与成本增幅的关联产品，为产品定价与营销策略调整提供有力依据。

通过深度应用这些算法，可以获得具有前瞻性的决策支持。例如，对历年科研项目经费支出与成果转化效益进行关联分析，不仅涉及数据对比，更需收集多年、多维度的科研经费明细与成果转化指标，运用关联算法揭示经费投入与成果产出之间的内在联系。如某前沿科研领域，前期高额设备投入往往能在后续几年内带来显著的技术与经济效益。基于此，会计人员在新项目立项时，能准确预测资金需求，结合市场趋势预估潜在收益，为科研管理部门提供详尽的资金规划建议，优化审批流程与资源配置，避免盲目投资，提升科研经费的使用效率。

此外，大数据在风险预警方面也发挥着重要作用。通过实时监测资金流动数据，与同行业平均水平及企业历史数据对比，利用机器学习算法构建风险模型。当资金流动出现异常，如流入放缓、流出增加且偏离正常范围达到预警阈值时，系统将自动发出警报，提示财务人员及时排查风险源，如应收账款回收困难、过度投资导致的资金链紧张等，以便提前采取措施，防范财务风险。

2. 提升人工智能在会计流程自动化中的应用水平

在会计领域的数字化浪潮中，提升人工智能在会计流程自动化中的应用水平已成为实现跨越式发展的关键驱动力。当前，仅仅满足于基础的账务处理自动化已无法满足时代的发展需求，事业单位必须放眼未来，推动智能财务机器人向更复杂、更具挑战性的任务领域深入拓展。

在传统会计作业中，生成财务报告是一项既烦琐又耗时的任务，财务人员需投入大量时间收集、整理各类财务数据，并依据既定格式进行编制，这一过程极易受人为因素影响而产生错误。然而，随着人工智能技术的引入，智能财务机器人已具备从各数据源自动抓取数据的能力，无论是总账、明细账，还是业务系统产生的交易数据，都能被精准捕获。借助预设的逻辑算法和深度学习模型，机器人能够根据报告类型（如月度财务报表、年度审计报告等）自动生成格式规范、数据精确的财务报告。更进一步，机器人还能对财务数据进行深度挖掘与分析，生成可视化图表，直观展现财务状况的变化趋势，为管理层提供清晰、直观的决策参考。

税务申报同样面临诸多挑战，税收政策的复杂性和差异性使得这一任务尤为艰巨。智能财务机器人通过集成机器学习技术，能够实时跟踪政策法规的更新，一旦新的税收政策出台，机器人便能迅速学习并调整处理流程。例如，当增值税税率发生变动时，机器人能够自动识别业务场景，准确调整相关交易的计税方式，确保税务申报的准确性。在处理复杂的税务优惠政策时，机器人还能根据企业的业务性质和财务数据，自动判断是否符合优惠条件，并在申报过程中精准填报相关信息，助力企业充分享受政策优惠。

机器学习技术在智能财务机器人的应用中发挥着核心作用，它通过对海量历史数据的学习，不断优化处理流程。面对不同客户的付款习惯和信用状况，机器人能根据过往交易记录自动调整应收账款的催收策略，提升资金回笼效率。当企业拓展新业务领域或推出新产品时，机器人能依据相似业务场景的数据快速建立相应的会计处理模型，确保新业务财务处理的准确性。

与此同时，云计算的强大算力为会计工作的变革提供了坚实支撑。借助云计算技术构建的云端会计服务平台，如同数字化的会计中枢，实现了会计软件、数据存储与计算资源的集中共享。无论人员身处何地，只需通过互联网接入平台，即可随时随地协同开展会计工作。在项目审计中，总部审计人员与分支机构财务人员能实时共享审计数据，共同查看和分析财务报表，对发现的问题进行即时沟通与处理。这种高效的协同工作模式不仅提升了财务人员的工作效率，还有效降低了单位的信息化建设成本。无须为每个部门或分支机构单独购置会计软件和服务器，只需在云端平台上按需分配资源，即可大幅减少硬件采购和维护费用。此外，云端平台的安全性也得到了充分保障，通过多重加密技术和严格的权限管理，确保会计数据的安全存储与传输。

（二）业财融合一体化推进

为了消除会计部门与业务部门之间的"信息壁垒"，事业单位需要构建紧密合作的业财融合体系。会计人员应主动融入业务前端，积极参与业务流程设计与项目规划，从财务的专业视角出发，为业务活动提供经济可行性和合理性的评估建议。在项目启动之初，会计人员需与业务人员携手进行成本效益分析，利用专业的财务模型预测项目的投入产出比，协助筛选具有潜力的项目，规避盲目投资的风险。在项目执行阶段，会计人员需实时追踪业务进展，依据业务动态精确核算成本，并及时向业务部门反馈财务信息，助力其灵活调整策略，实现资源的优化配置。以文化活动项目为例，会计人员可依据活动的实际参与人数、场地利用情况、物资消耗速度等实时数据，迅速识别成本偏差，一旦发现某项支出超出预算，他们会立即与业务部门沟通，共同探讨成本控制策略，如调整宣传策略、精简场地布置等，确保项目在预算框架内达成既定的社会效益目标。同时，业务部门也应增强财务意识，主动向会计人员通报业务需求和市场动态，为会计工作提供准确、及时的业务信息输入。这种双向的信息交流将促进业务与财务的相互支持和协同发展，形成良性循环，共同推动事业单位整体运营效率的提升。

（三）管理会计全方位拓展

大力拓展管理会计在事业单位的应用范畴，使其从传统的辅助决策角色向核心管理支撑力量转变。构建全面的成本管理体系，摒弃单一的成本核算方法，综合运用作业成本法、生命周期成本法等先进手段，对事业单位各项业务活动进行精细化成本核算，涵盖直接成本、间接成本以及隐性成本，精准定位成本控制点，为成本削减与效益提升提供精准靶向。

强化预算管理与绩效评价的联动机制，以预算为引领，以绩效为导向，将绩效目标细化分解至预算编制、执行与监控的全过程。在编制预算时，依据绩效指标设定预算额度，确保资金分配与绩效产出紧密挂钩；在执行过程中，实时对比绩效指标完成进度与预算执行情况，一旦发现绩效偏差，及时调整预算安排，保障资源投入的有效性；在决算阶段，以绩效评价结果作为预算安排的重要依据，对绩效优异的项目给予优先资金保障，对未达成绩效目标的项目削减预算或优化改进，形成预算与绩效相互制约、相互促进的闭环管理体系。

（四）引入管理会计工具开展战略规划分析

在战略规划的广阔天地里，管理会计工具的引入无疑扮演了至关重要的角色，它们就像精准的导航仪，引领事业单位在复杂多变的市场环境中明确方向，为长远发展战略的制定提供了坚实的支撑。

1. SWOT 分析

以 SWOT 分析为例，这一工具通过系统梳理事业单位的内部优势与劣势，以及外部的机会与威胁，以财务的独特视角为战略决策提供了深刻的洞察。内部优势方面，资金储备的充裕让事业单位在面对新投资机会或紧急项目需求时，能够迅速调配资源，抢占行业先机。例如，某教育事业单位凭借充足的资金，迅速投入在线教育领域，建设线上平台，购买优质资源，成功吸引了大量学生，显著提升了市场竞争力。同时，高效的成本控制体系也确保了资源的合理配置，提升了盈利能力。如某医疗事业单位通过优化采购、控制人力成本等，有效降低了运营成本，提高了资金使用效率。

然而，劣势同样不容忽视。资金流动性不足可能使事业单位在应对短期资金需求时陷入困境，错失发展良机。例如，科研事业单位因资金流动性紧张，无法及时采购关键设备，导致科研项目进度受阻。此外，财务风险管理机制的缺失也可能使事业单位在市场波动中遭受重大损失。如某文化事业单位因对汇率风险预估不足，在国际文化交流项目中因汇率变动导致成本大增。

从外部机会来看，政策扶持带来的税收优惠、专项补贴等，为事业单位注入了强大的资金动力。例如，某环保事业单位因符合国家政策要求，获得了大量补贴，为其研发新技术提供了有力资金支持。同时，新兴市场的崛起也为事业单位提供了广阔的拓展空间。如某科技事业单位抓住人工智能市场的发展机遇，成功将业务拓展至智能安防领域，实现了财务业绩的显著增长。

但机会总是伴随着威胁。竞争对手的低价策略可能压缩事业单位的利润空间，迫使其要么降价参与竞争，要么提升产品或服务质量以差异化竞争，但两者都可能增加成本。此外，原材料价格的上涨也会导致成本上升，影响盈利能力。通过细致的 SWOT 分析，事业单位能够充分发挥内部优势，弥补劣势，抓住外部机会带来的财务增长机遇，同时有效规避威胁可能引发的财务风险。

2. 波特五力模型

波特五力模型则是从另一个角度为事业单位的战略决策提供了关键依据。该模型从供应商的议价能力、购买者的议价能力、潜在竞争者的进入能力、替代品的替代能力以及同行业竞争者的竞争力这五个维度出发，结合财务数据进行深入剖析。例如，当供应商的议价能力强时，事业单位可能面临采购成本上升的压力。此时，事业单位可从财务角度考虑优化采购策略，如寻找更多供应商、进行联合采购以增加议价能力，或通过签订长期合同锁定价格以稳定成本。

购买者的议价能力强时，事业单位需要权衡降价与销量增长之间的财务关系以确定最优定价策略。例如，某服务型事业单位在面对购买者的议价压力时，通过成本分析和市场调研发现适度降价并增加服务投入能够吸引更多客户实现薄利多销从而提升整体利润。

潜在竞争者的进入和替代品的替代能力也会影响事业单位的市场份额和未来营收预期。通过财务预测模型预估潜在竞争和替代产品对财务状况的冲击并提前布局研发投入、市场营销费用等以保持竞争优势。例如，某科技事业单位预测到潜在竞争者可能推出类似产品时提前加大研发投入推出更具创新性的产品，同时增加市场营销费用提高产品知名度成功抵御了潜在竞争威胁。

对于同行业竞争者的竞争力分析可对比财务指标如毛利率、净利率、资产负债率等以找出自身与竞争对手的差距并制定差异化竞争策略。例如，通过对比发现自身毛利率低于行业平均水平时，事业单位可从成本控制、产品定价等方面入手制定改进措施以提升盈利能力和竞争力。

二、变革目标

（一）精准高效的决策支持

通过实施变革，会计工作将为事业单位管理层提供精确、时效性强且富有预见性的决策支持信息。利用数字化与智能化技术，我们能够迅速整合内外部的海量数据，并运用数据可视化手段，将这些复杂数据转化为清晰直观的图表和仪表盘，使管理层能够一目了然地掌握单位的财务状况、业务运营效果及市场趋势动态。在面对重大项目的投资决策时，会计部门将能够在最短时间内编制出详尽的项目财务可行性报告。这份报告将包含投资回报率、净现值、内部收益率等一系列关键指标的预测，并结合大数据分析进行市场风险评估。这将为管理层提供一个全面权衡利弊的平台，助其做出科学、明智的决策，有效规避因决策失误而导致的资源浪费，提升单位的资源配置效率。如此，会计工作的变革将为事业单位的持续健康发展奠定坚实的决策基础。

（二）合规透明的财务管理

为确保事业单位的所有财务活动均严格遵循国家法律法规与政策制度，必须构建并不断完善内部控制体系，以加强财务风险的管理与预防。事业单位需紧跟法规政策的最新动态，适时调整会计核算流程及财务报告的编制规则，从而确保财务信息的真实性、准确性和完整性，并积极接受社会各界的监督。同时，利用现代信息技术搭建财务监管平台，对资金流动、预算执行、费用报销等核心环节实施实时在线监控。通过设置风险预警阈值，系统能够自动识别并即时发出预警信号，一旦检测到违规操作或潜在风险迹象，促使事业单位迅速采取应对措施，有效防范财务舞弊、资金挪用等违法行为，维护事业单位的社会形象与公信力，确保公共资金的安全无虞。

（三）卓越优化的服务效能

以满足社会公众需求为核心导向，事业单位积极推行业务与财务的融合，并深入应用管理会计工具，旨在优化资源配置，从而显著提升公共服务的质量与效率。通过对各项服务成本的精确核算，遵循成本效益原则，事业单位能够准确地调整服务项目与内容，确保宝贵的资源优先流向那些社会效益显著、公众需求迫切的领域。在教育领域，事业单位可依据不同课程的成本效益分析成果，对课程设置进行优化。这意味着增加对热门专业及特色课程的资源倾斜，同时审视并改进或缩减那些效益较低的课程，以增强教育服务的针对性和吸引力，更好地满足学习者的多元化需求。在医疗卫生领域，通过对医疗服务流程的全面成本效益分析，事业单位致力于优化就诊流程，旨在减少患者的等待时间，提升医疗资源的有效利用率。这种以卓越服务效能为目标的管理策略，不仅回应了社会公众对高质量医疗服务日益增长的需求，也充分展现了事业单位在促进社会福祉、提升民众生活质量方面的积极作用和社会价值。

◈ 第三节　会计工作变革的方法与路径

一、构建一体化信息系统平台

为了构建一个综合性的信息系统，事业单位致力于投入资源，该系统将财务核算、业务管理和数据分析三大功能融为一体。此举措旨在打破当前各部门间信息孤岛的现状，确保数据能够在不同功能模块间自由流动与共享。以科研事业单位为例，将科研项目管理系统、财务报销系统和资产管理系统进行深度融合。科研人员在项目申报之初，便可通过统一的入口便捷地录入项目信息。这些信息将自动同步至财务模块，为后续预算编制和经费核算提供准确无误的数据基础。同时，资产购置及使用情况也将实时反馈至财务与项目管理端，从而确保资产在其全生命周期内实现可视化管理。这一综合性的平台，不仅能显著提升会计信息的采集效率，还能充分利用内置的数据分析工具，实时生成涵盖多个维度的财务分析报告，为管理层在制定决策时提供坚实的数据支撑。

二、引入智能财务工具与软件

为了推动会计工作的现代化转型，事业单位积极采纳并引入一系列前沿智能财务工具，包括但不限于智能记账软件、税务智能申报系统以及财务机器人流程自动化（RPA）软件等。

（一）智能记账软件

智能记账软件作为现代财务管理的重要工具，其应用已经深入到各行各业，为单位和个人提供了高效、准确的记账服务。凭借其强大的图像识别与语义分析技术，智能记账软件在账务处理方面展现出了无与伦比的优势。

1. 图像识别技术的应用

智能记账软件凭借其高精度的图像识别技术，为会计领域带来了颠覆性的转变，它能够精确无误地自动识别并解析发票、单据等财务凭证的关键信息，彻底颠覆了以往手工录入的烦琐流程。

在技术层面，智能记账软件的图像识别技术基于深度学习算法，通过大量财务凭证图像的深度学习训练，构建了一个高度精准的识别模型，其能够敏锐地区分发票上各个区域的数据类型。例如，在处理一张发票时，该识别模型会自动锁定发票左上角的发票代码区域，并通过对该区域数字特征的深入分析，精确提取出发票代码。同样地，对于发票右上角的发票号码，该识别模型也能实现精准定位与提取。这种识别并非简单的字符比对，而是基于对发票格式、数字字体特征以及位置关系的全面理解。

无论是纸质发票还是电子发票，智能记账软件的图像识别技术都能应对自如。对于纸质发票，软件可以通过扫描设备或手机拍照的方式获取图像。一旦纸质发票被扫描或拍照，图像识别技术便迅速启动，首先对图像进行预处理，去除噪点、调整对比度，确保图像清晰易读。随后，模型开始对发票上的各个关键要素进行识别与提取。对于发票上的日期，软件能够依据日期的常见格式，如"YYYY-MM-DD"，在相应区域准确识别出具体的年月日。金额和税额部分，软件则通过对数字的形态、位置以及与周围文字的关联关系进行深入分析，精准提取出数值，并且能够自动区分金额和税额的位置。

电子发票的处理则更为简便。由于电子发票以数字形式存在，软件可以直接读取其图像数据。通过预设的解析规则，软件能够迅速定位到发票上的购买方和销售方信息。无论是企业名称、纳税人识别号，还是地址、电话等详细信息，软件都能一一精准提取。这一过程不仅高效，而且有效地避免了人工输入可能带来的信息错误。

这一技术的运用，为会计工作带来了诸多显著优势。首先，它极大地减轻了会计人员的手工录入负担。在传统的记账模式下，会计人员需要耗费大量时间和精力，逐字逐句地将发票上的信息手动输入到记账系统中。这一过程不仅枯燥乏味，而且容易因疲劳、疏忽等原因导致错误。例如，在处理大量发票时，会计人员可能会不小心将金额的小数点位置输错，或者将发票号码中的某个数字录错，这些看似微小的错误，可能会在后续的财务处理中引发一系列问题。而智能记账软件的图像识别技术，让会计人员彻底摆脱了这种烦琐的手工录入工作，极大地节省了时间和精力。

其次，图像识别技术显著提升了工作效率。例如，某事业单位每月可能需要处理数百张甚至上千张发票。以往，会计人员需要花费数天时间才能完成这些发票的录入工作。而现在，借助智能记账软件，只需将发票批量上传至系统，短短几分钟内，软件就能完成所有发票的信息识别与提取工作。不仅如此，软件还能自动将提取到的信息按照记账凭证的格式进行整理和录入，进一步提高了记账效率。这使得会计人员能够将更多的时间和精力投入到财务分析、风险控制等更具价值的工作中。

最后，图像识别技术还显著提高了数据的准确性。由于软件基于预设的模型和算法进行识别，有效地避免了人为因素导致的错误。在传统手工录入过程中，因人为疏忽导致的错误率可能高达5%~10%，而智能记账软件通过图像识别技术，将错误率几乎降至零。这不仅保障了财务数据的质量，也为企业的财务管理和决策提供了坚实的数据支撑。

2. 语义分析技术的深化

智能记账软件所内置的先进语义分析技术，与图像识别功能相辅相成，共同为事业单位的会计工作带来了前所未有的深刻变革。

在技术层面，语义分析技术深深植根于自然语言处理（NLP）的最新算法与深度学习模型之中。它首先对诸如合同、报告、邮件等多种类型的文档文本进行细致的分词处理，将原本连续的文本拆解为一个个具有明确意义的词汇单元。随后，借助词向量模型，为这些词汇赋予精准的向量表示，从而精准捕捉词汇间的复杂语义关系。例如，在处理"办公用品采购合同"的文本时，软件能够迅速识别出"办公用品""采购"和"合同"等核心关键词，并深刻理解它们之间的内在联系，明确这份文档与采购业务息息相关。

在事业单位的实际应用中，语义分析技术展现出了无可比拟的优势。以某科研事业单位为例，在科研项目申报的关键阶段，需要精心准备详尽的项目预算报告。这份报告涵盖了科研设备购置费用、实验材料采购费用、人员劳务费用等众多财务信息。智能记账软件凭借语义分析技术，能够迅速而准确地解析报告内容，精准提取出各项费用的具体金额及其对应的用途描述。随后，依据预设的会计科目体系，软件可自动将科研设备购置费用归类到"固定资产—科研设备"科目，实验材料采购费用归类到"科研成本—原材料"科目，人员劳务费用归类到"科研成本—人工成本"科目。

在签订服务外包合同时，合同文本中往往详细阐明了服务内容、服务期限、费用支付方式等关键信息。智能记账软件能够对这些财务条款进行深入剖析，精确识别出应付款项的金额、支付时间节点等核心数据。同时，根据合同的本质属性和业务实际情况，软件能够准确判断该费用应归属的会计科目，例如，将技术服务外包费用归类到"管理费用—技术服务费"科目。

语义分析技术的应用，极大地提升了记账的准确性。在传统的人工记账模式下，会计人员需要逐字逐句地阅读合同、报告等文档，手动提取财务信息并进行烦琐的分类记账工作。由于人工理解和判断的主观性较强，分类错误的情况时有发生。然而，智能记账软件的语义分析技术严格遵循预设的规则和算法，能够确保财务信息的准确归类，从而有效避免了人为错误的发生。

此外，语义分析技术还极大地减轻了会计人员处理复杂财务数据的负担。对于事业单位而言，日常工作中会接触到大量的财务相关文档，如项目结题报告、财务审计报告等。这些文档往往内容繁杂、数据庞大。智能记账软件的语义分析功能能够迅速筛选出其中的关键财务信息，为会计人员节省了大量宝贵的时间和精力。会计人员无须再费尽心思地阅读和分析文档，只需对软件提取和分类后的结果进行简单的审核确认即可，工作效率得到了显著提升。

然而，在应用语义分析技术的过程中，也难免会遇到一些挑战。例如，对于某些表述含糊、语义不清晰的文本，软件可能会出现识别错误的情况。针对这一问题，研发人员正不断优化算法、增加更多的语义理解模型，并引入人工干预机制。当软件无法准确识别时，会自动提示会计人员进行人工审核和修正，以确保财务信息的准确无误。

3.减轻手工录入负担与降低错误风险

过去，会计人员处理财务数据时，手工录入无疑是一项艰巨且耗时的任务。以事业单位日常的费用报销流程为例，会计人员需处理大量的纸质报销单据，这些单据上详细记录了各种费用明细，如差旅费、办公用品采购费、会议费等。每一张报销单据都需要会计人员仔细核对，确保金额无误、票据合规、审批流程完整，然后再将这些信息逐一录入到财务系统中。这个过程不仅要求会计人员高度集中注意力，而且极为耗时。据估算，在中等规模的事业单位中，会计人员每月需花费至少一周的时间来处理费用报销单据的手工录入工作，这还不包括因各种原因导致的重复核对与修正。

然而，智能记账软件的诞生彻底扭转了这一局面。该软件凭借强大的图像识别与语义分析技术，能够迅速且准确地处理各类财务凭证。以发票为例，通过图像识别技术，软件能瞬间捕捉到发票上的所有关键信息，如发票号码、开票日期、金额、税额等。对于报销单据上的文字描述，语义分析技术则能精准解析，如将"购买A4打印纸一箱，单价200元"这样的信息，准确识别为"办公用品采购费用"，并自动匹配到相应的会计科目。会计人员只需将报销单据或发票通过扫描设备或手机拍照上传至智能记账软件系统，软件便能在极短的时间内完成信息的提取与录入，极大地节省了会计人员的时间和精力。原本需要一周时间完成的费用报销单据录入工作，现在借助智能记账软件，可能仅需一天甚至更短的时间就能轻松完成，工作效率得到了显著提升。

除了节省时间，智能记账软件在降低错误风险方面也发挥了举足轻重的作用。在手工录入过程中，由于人为因素（如疲劳、疏忽、对业务理解的偏差等），很容易出现错误。例如，在录入金额时可能会多输或漏输一个零；在选择会计科目时，可能会因对业务的判断失误，将本应属于"业务活动费用"的支出错误地归类到"单位管理费用"中。这些看似微不足道的错误，如果在后续的财务核算和报表编制过程中没有及时发现并纠正，可能会导致财务数据的严重失真，进而影响事业单位的决策制定。相关数据显示，在手工记账模式下，因人为错误导致的财务数据调整比例高达 10%~15%。

智能记账软件通过自动化处理财务数据，有效避免了人为错误的发生。软件在处理数据时，严格遵循预设的规则和算法，只要财务凭证的信息准确无误，软件就能确保数据的准确录入和归类。例如，在对合同中的财务条款进行分析时，智能记账软件能够准确捕捉到应付款项的金额、支付时间节点等关键信息，并根据合同的性质和业务实质，将费用准确归属到相应的会计科目。这种基于技术的自动化处理方式，不仅确保了数据的准确性，还保证了数据的一致性。在处理财务凭证时，软件都会按照统一的标准进行操作，避免了因人为因素导致的同类型业务处理方式不一致的情况。

4. 提升财务决策效率与质量

智能记账软件内置的强大数据分析引擎，能够深入挖掘财务数据的内在价值。在事业单位复杂的日常运营中，无论是项目经费的收支管理，还是资产的购置与监控，每一项财务数据都蕴含着丰富的信息。智能记账软件通过运用先进的数据处理算法，能够对这些海量财务数据进行多维度、深层次的整合与分析。

在数据可视化方面，智能记账软件将原本晦涩难懂的财务数据转化为直观易读的图表形式。例如，在展示事业单位年度预算执行情况时，软件能够迅速生成柱状图，清晰展现各部门实际支出与预算额度的对比情况。这种直观的可视化展示，使得会计人员和单位管理层能够迅速捕捉到关键信息，无须再耗费大量时间从冗长的数字报表中"抽丝剥茧"。相较于传统的人工汇总分析加文字报告的方式，智能记账软件的可视化功能能够在极短的时间内，将原本需要数小时甚至数天才能梳理清晰的财务状况一目了然地呈现出来，从而大幅提升决策效率。

在趋势预测方面，智能记账软件同样表现出色。它能够对事业单位的财务数据进行时间序列分析，准确预测未来的财务走向。例如，通过对过去几年办公用品采购费用的深入分析，结合业务发展趋势和人员规模变化，软件能够预测出未来一段时间内该费用的合理支出范围。一旦发现采购费用存在不合理的上升趋势，且通过数据分析发现是由于采购流程不当所致，会计人员便能及时向管理层提出优化建议，以有效控制成本。这种基于数据趋势的决策支持，使得事业单位的财务决策更加科学、合理，有效避免了决策的盲目性。

在制定重大项目投资决策时，智能记账软件的作用更加凸显。它能够全面整合项目的各项成本数据，包括前期调研、设备采购、人员工资等，并结合市场数据和行业趋势，对项目的预期收益进行精准模拟分析。通过生成详尽的项目投资收益预测图表，管理层能够清晰看到不同投资方案下的收益情况、风险点以及投资回收期等关键指标。这使得管理层能够在短时间内对多个项目投资方案进行全面评估，迅速做出决策，不仅提高了决策效率，还显著降低了决策失误的风险。

此外，智能记账软件还能够实时更新财务数据，确保决策依据的时效性。当事业单位面临政策调整等突发情况时，软件能够迅速根据新的数据进行分析，为管理层提供及时的应对策略建议。例如，当国家对某项科研项目的资助政策发生变化时，智能记账软件能够迅速分析出这一变化对本单位该项目经费的具体影响，并通过数据模型预测后续的资金缺口及解决方案，帮助管理层及时调整项目预算和工作计划，确保项目的顺利进行。

5.适应多样化记账需求

智能记账软件作为现代财务管理的得力助手，凭借其卓越的灵活性和可扩展性，能够精准满足各类事业单位多样化的记账需求，展现出强大的适应能力。

事业单位的资金来源广泛，包括财政拨款、事业收入、经营收入、上级补助及捐赠收入等。智能记账软件针对多样化的资金来源，设计了专属的记账流程和分类规则。对于财政拨款，软件能自动识别拨款文件中的关键信息，如项目名称、金额和时间，精准录入对应的财政拨款收入科目，并关联项目预算，实时监控拨款使用进度。例如，某教育事业单位收到财政专项拨款用于建设新教学楼，软件能迅速完成收入确认，并跟踪记录资金在教学楼建设中的各项支出，确保专款专用，严格遵循财政资金管理规定。

在事业收入方面，以科研事业单位为例，其科研项目成果转化收入情况复杂。智能记账软件可根据科研成果类型、转化方式等因素，灵活设定收入确认规则。如通过专利技术转让获取收入，软件能依据合同条款，按约定时间节点或收益分配方式准确确认收入，并自动处理账务。同时，在成本核算上，软件能精准区分科研项目的直接成本和间接成本，为准确核算项目收支结余提供有力支持。

智能记账软件还展现出对不同类型事业单位业务活动的强大适配能力。例如，文化事业单位举办文化活动时，涉及门票、赞助、场地租赁和演出人员薪酬等多方面的财务往来。软件针对文化活动特点，设置专门的活动财务模块，自动获取收入数据并分类记账，与供应商系统对接，实现场地租赁发票、演出人员薪酬等自动录入与核算，帮助会计人员清晰掌握文化活动财务状况，为后续活动策划和预算编制提供数据参考。

医疗卫生事业单位财务核算复杂，涉及药品采购、医疗服务收费和医保结算等环节。智能记账软件与医院信息管理系统深度集成，实时同步药品采购数据，自动获取采购发票信息，准确记录采购成本，并及时更新库存账目。在医疗服务收费方面，软件对接医院收费系统，按医保政策和收费标准自动确认收入和医保结算账务，提高记账的准确性和效率，避免医保结算错误。

对于规模较小的基层事业单位，如乡镇卫生院或社区文化站，智能记账软件提供可简洁易操作的界面和轻量级功能模块。这些单位财务人员专业知识有限，软件操作流程设计简单明了，即使没有深厚财务背景的人员也能轻松上手。软件预设常用会计科目和记账模板，减少财务人员设置工作量。例如，社区文化站组织文艺演出时，财务人员只需按软件提示输入相关费用，软件即可自动生成记账凭证。

对于大型综合性事业单位，如省级科研院所或三甲医院，智能记账软件展现出强大的可扩展性。这类单位业务范围广、财务数据量大，需处理复杂的财务核算和管理需求。软件可根据单位组织架构设置多部门、多层次的财务核算体系，实现数据分级管理和汇总分析。同时，与预算管理系统、资产管理系统等深度融合，实现数据互联互通和实时共享。例如，省级科研院所在进行年度预算执行分析时，软件能快速整合各部门财务数据和预算执行情况，生成详细报告，为管理层提供全面准确的决策依据。

6. 促进财务管理数字化转型

随着信息技术的飞速发展，传统的财务管理模式已难以满足事业单位日益增长的管理需求，而智能记账软件的应用，则为事业单位的财务管理注入了新的活力，带来了前所未有的机遇。

　　智能记账软件运用先进的数字化技术，彻底改变了财务数据的处理方式。以往，事业单位财务人员需要花费大量时间和精力进行手工录入、核对和计算财务数据，这一过程不仅效率低下，而且容易出错。而现在，智能记账软件凭借强大的图像识别、语义分析和数据接口技术，能够自动捕捉各类财务凭证中的关键信息，无论是发票、报销单还是合同文件，都能被软件迅速识别并准确录入系统。例如，在处理日常报销业务时，财务人员只需将报销凭证上传至软件，软件便能迅速提取其中的金额、日期和项目等关键信息，并根据预设的会计科目和记账规则，自动生成记账凭证。这一变革极大地缩短了数据处理周期，使财务人员得以从烦琐的基础工作中解脱出来，专注于更具价值的财务分析和决策支持工作。

　　智能记账软件促进了财务信息的透明化和共享化。在传统的财务管理模式下，财务信息往往分散在各个部门和业务环节，信息传递不畅，导致各部门之间难以实现有效协同。而智能记账软件打破了这种壁垒，通过建立统一的财务数据平台，实现财务信息的集中管理和实时共享。单位内部的各个部门，包括业务部门、管理部门和决策层，都能根据自身权限实时查询和获取所需的财务信息。例如，项目负责人可以随时了解项目的经费使用进度和剩余预算，以便合理安排项目工作；管理层则能实时掌握单位的整体财务状况，为决策提供及时准确的信息支持。这种信息的透明化和共享化加强了单位内部的沟通与协作，提高了工作效率，避免了因信息不对称而导致的决策失误。

　　此外，智能记账软件在风险控制方面也发挥了重要作用。它能够实时监控财务数据的变化，及时发现潜在的财务风险点。例如，当发现某项费用支出超出预算预警线时，软件会自动发出警报，提醒财务人员和相关负责人进行核实和处理。同时，软件还能对财务数据进行风险评估和预测，通过建立风险模型分析可能出现的财务风险及其影响程度，为单位制定风险应对策略提供参考。例如，通过对资金流动性的分析预测单位未来可能面临的资金短缺风险，并提前采取措施进行资金筹措和调配，确保单位的资金链安全。这种数字化的风险控制手段有效提升了事业单位的风险防范能力，为其稳健发展提供了有力保障。

（二）税务智能申报系统

税务智能申报系统则是另一项重要的智能工具，它能够实时追踪并适应税收政策的最新变化。通过自动抓取并处理财务数据，该系统能够精准地完成纳税申报表的填写与提交工作，从而确保事业单位在税务方面的合规性。这一功能不仅提升了税务处理的效率，还进一步增强了税务管理的准确性。

（三）财务机器人流程自动化软件

财务机器人流程自动化软件的应用更是为会计工作带来了革命性的变革。这款软件能够模拟人工操作流程，自动执行诸如对账、结账、报表生成等一系列重复性高、规律性强的任务。更重要的是，它还能根据预设的规则进行逻辑判断与错误纠正，从而极大地提高了会计工作的精准度与整体效率。这一创新不仅优化了会计流程，还使得会计人员能够更专注于核心业务与战略决策，为事业单位的持续健康发展注入新的活力。

三、完善会计制度与规范

为积极响应国家最新法规政策，紧跟行业标准动态，并充分结合本单位业务发展的实际需求，对事业单位的会计制度进行全面而深入的修订工作。这一修订旨在通过细化会计核算流程、明确各业务环节的账务处理方法，从根本上提升会计信息的准确性和可比性，从而更有效地支撑事业单位的决策与运营。在具体修订过程中，将特别关注新兴业务模式对会计制度的影响。例如，针对线上教育收费这一新型业务形态，我们将制定专项核算细则，确保从收入确认、成本核算到利润分配的每一个环节都能得到规范而准确的处理。同样，对于科研成果转化收益分配这一复杂而敏感的领域，也将通过细致的核算规定，确保收益能够公平、合理地分配给各方参与者，同时确保会计信息的真实性和透明度。此外，相关人员还将对财务报告制度进行完善，以更好地满足社会公众与管理层的多维度信息需求。具体而言，在财务报告中增加非财务信息的披露内容，如社会效益指标的完成情况、服务质量的提升数据等，这些信息不仅有助于展现事业单位的社会责任与贡献，还能为管理层提供更加全面、深入的决策依据。

　　为确保修订后的会计制度得到有效执行，还将建立定期审计制度，加强对会计工作的内部监督。通过定期的专业审计，及时发现并纠正会计制度执行过程中存在的问题，确保各项制度要求得到严格落实。同时，借助审计结果，不断优化和完善会计制度，推动其持续适应事业单位的发展需求。

第六章 会计工作变革策略研究

◇ 第一节　会计核算变革策略

一、优化会计核算体系，推广权责发生制应用

在事业单位会计核算体系中，收付实现制作为传统方法，其局限性日益凸显，难以全面、准确、及时地反映单位的资产负债真实状况及成本效益关系，这在一定程度上制约了事业单位财务管理水平的提升和决策效率的优化。为了克服这一局限，事业单位必须积极寻求改革，逐步扩大权责发生制的应用范畴，以构建一个更加科学、合理的会计核算体系。

权责发生制，又称应计制或应收应付制，其核心在于以经济业务的实际发生为记账依据，无论款项是否已经收付，都应当确认收入和费用的归属期。这一原则在处理长期资产购置与折旧、长期负债的确认与偿还，以及跨期业务收入与费用的配比等复杂经济业务时，具有显著优势。

首先，在处理长期资产购置与折旧方面，权责发生制要求按照资产的实际使用情况分期确认固定资产及折旧费用。这不仅可以更加准确地反映资产的实际价值和使用效率，还能为管理层提供更加精细化的成本控制信息。以大型科研设备采购为例，通过权责发生制分期确认固定资产及折旧费用，可以清晰地揭示设备在整个使用周期内的成本消耗情况，为科研项目成本效益分析提供有力支持，从而帮助管理层做出更加明智的投资决策。

其次，在处理长期负债的确认与偿还方面，权责发生制要求根据负债的实际发生和偿还情况确认相关负债和利息费用。这有助于管理层更加

准确地评估单位的偿债能力和财务风险，为债务管理和资金规划提供可靠依据。

此外，在处理跨期业务收入与费用的配比方面，权责发生制要求将收入与费用按照其实际归属期进行配比，以反映经济业务的真实情况。这有助于管理层更加准确地评估单位的盈利能力和经营效率，为制定更加合理的经营策略和预算计划提供有力支持。

二、深化资产核算管理，实现精细化运作

（一）强化资产清查盘点机制建设

为了确保资产信息的准确性和完整性，我们需要建立一套定期且全面的资产清查制度，并结合不定期的抽查盘点，以实现账实相符。在此过程中，信息化手段的应用将发挥关键作用。例如，引入资产条码管理系统和 RFID 技术，可以实现对资产购置、入库、领用、调拨、报废等各个环节的实时跟踪和记录，极大地提高资产清查的效率与准确性。对于文化事业单位而言，演出道具、服装等种类繁多、流动性强的资产，通过条码管理可以快速定位资产位置、查询使用状态，有效避免资产的流失和闲置浪费。

（二）清晰界定资产权属关系

在资产的购置、划转、捐赠等关键环节，需要严格规范手续办理流程，确保每一步操作都符合法律法规要求。通过签订详细、严谨的合同协议，明确资产权属变更、使用权限、维护责任等关键条款，可以有效防范权属纠纷风险。为此，我们可以设立专门的资产权属审核岗位，对重大资产交易进行法务与财务的联合审查，确保每一项资产交易都合法合规。以教育事业单位接受企业捐赠的实验设备为例，合同中应清晰界定设备的所有权归属、是否允许进行改造以拓展教学科研用途等关键条款，以确保资产的合法合规使用。

◈ 第二节　预算管理与控制变革策略

一、革新预算编制手法

通过实施零基预算，促使单位摒弃了过去的路径依赖，转而从零开始审视每项业务开支的必要性。以科研单位为例，在申报新项目预算时，不再简单地参照过往的基数，而是根据项目的研究目标、技术路线以及预期成果，详细论证人员经费、设备购置、实验耗材等各项费用的合理性。这种做法确保资金能够精准地投向最具科研价值的环节，使预算真正成为科研创新的"启动金"。同时，我们还引入了滚动预算的方法，为预算注入了更多的灵活性。通过按季度或月度动态调整后续周期的预算，确保预算能够适应不断变化的环境和需求。例如，文旅事业单位可以根据旅游淡旺季的游客流量波动，灵活地调配宣传推广和设施维护的预算，从而保障服务品质的稳定，并最大化资金效益。

二、加强预算执行的监控力度

借助信息化鹰眼系统，相关人员对预算执行的全过程进行了实时的"盯梢"。无论是资金流向的每笔明细，还是项目进度的每个节点，都尽在掌控之中。一旦预算执行的偏差超过了预设的阈值，比如某公益项目的资金支出进度滞后了计划20%，系统就会立即弹出预警信息，并推送到相关责任人的手机上，及时督促责任人剖析原因，或者调整执行方案，或者申请预算调剂，从而确保预算执行的准确性和有效性。

三、建立闭环式的预算绩效评价体系

在编制预算时，会根据项目的特性设定清晰的绩效指标，比如环保项目的减排量、植树成活率等。在执行过程中，会定期对标考核，并在年末根据

绩效的优劣来决定次年预算的增减。这种做法不仅实现了预算与绩效的"双向奔赴"，让每一笔资金都能够花出成效，还为单位的持续健康发展提供了有力的保障。

第三节　成本控制与资产管理变革策略

一、源头把控与精细管理

在成本控制方面，源头把控至关重要。项目启动之初，运用成本效益分析模型，精确计算投入产出比，以确保决策的合理性。以医疗单位为例，在引入新诊疗技术前，会全面权衡设备采购、人员培训、预期收益以及患者负担等多方面因素，从而筛选出最优方案。在项目执行阶段，各种成本管理工具则发挥着至关重要的作用。标准成本法为生产制造类事业单位树立了"成本标杆"，根据工艺标准和物料定额制定产品标准成本，并在生产过程中进行全程比对和纠偏。一旦遇到成本超支的情况，会从原材料采购品质、生产流程冗余环节等方面精准溯源，并采取有效的优化措施，确保成本始终处于可控状态。

二、建立全生命周期的管理机制

在购置环节，依据单位的战略规划、业务刚需以及资产配置标准，借助先进的资产购置管理系统，科学规划采购清单，从而避免了盲目跟风和重复购置的问题。在使用过程中，利用物联网技术实现了资产的"智慧管理"。我们为办公设备、实验仪器等贴上智能标签，实时追踪其使用频率、地理位置以及维修保养记录。这样，就能及时发现并盘活闲置资产，提高资产的利用率。在资产处置环节，严格遵循国有资产处置法规，通过公开拍卖、竞价转让等透明方式，确保资产残值的最大化回收，有效防止了国有资产的流失。

◈ 第四节 财务分析与决策变革策略

财务分析与决策是事业单位驶向高质量发展航程中的"指南针",而变革策略则聚焦于拓宽分析视野与精准导航。

一、引入多元化的非财务指标

为了拓宽财务分析的视野,不再局限于传统的财务比率分析,而是引入了多元化的非财务指标。以养老服务事业单位为例,除了关注收支平衡和盈亏状况,我们还将老人的满意度、护理服务质量评分以及床位周转率等社会效益指标纳入综合评价体系。借助大数据技术的强大分析能力,如同使用"精密手术刀"一样,深入剖析海量数据,挖掘其中的内在联系。例如,通过分析老人的餐饮偏好、康复训练的参与度与运营成本的变化,能够洞察服务优化的方向,为决策层提供更为立体、全面的信息支持。

二、定制化的决策支持模型

在决策环节,采用了定制化的决策支持模型,这些模型可根据事业单位的不同战略定位和业务范畴,量身定制了适合的决策模型。对于科技研发型单位而言,在面对多个项目抉择时,投资决策模型能够综合权衡项目的技术创新性、市场前景、研发周期以及资金投入风险等多个要素,通过量化打分和排序,帮助管理层做出最优选择。这使得决策过程从传统的"拍脑袋"决策转变为"数据驱动"的科学决策,开启了事业单位科学管理的新篇章。

第七章 财务管理变革策略研究

◇ 第一节　财务管理目标与原则的变革

随着社会经济的持续演变和事业单位自身发展需求的不断变化，传统财务管理目标与原则急需革新，以适应新时代的步伐。

一、目标

在目标层面，以往单位主要关注资金的收支平衡和合规性管理，而现在则需要向多元价值创造的方向迈进。一方面，我们要强化社会价值的导向作用，将服务社会公益事业、提升公共服务质量作为事业单位的核心追求之一。例如，在教育事业单位中，我们不仅要确保教育经费的合理使用，更要关注学生综合素质的提升幅度、教育公平的推进成效等社会成效指标，确保资金投入能够转化为显著的社会效益。另一方面，单位也要兼顾经济效益的优化，在合法合规的前提下，合理配置资源，追求成本效益的最大化。科研机构可以通过精准核算科研项目成本与潜在收益，推动科研成果的高效转化，实现知识价值与经济价值的双赢，使财务管理目标成为推动事业单位可持续发展的强大动力。

二、原则

从原则角度来看，传统的刚性财务管控原则正在向刚柔并济的方向转变。过去我们强调严格遵循预算和制度执行，而现在则更加注重灵活性和适应性的考量。面对突发公共事件或新兴业务机遇，相关人员可以在严谨论证和规范审批流程的基础上，适度调整预算安排和财务流程。这样既能确保财务管理严守规范底线，又能敏捷响应外部变化，为事业单位的发展开辟绿色通道，助力事业单位在复杂多变的环境中稳健前行。

第二节　风险管理与内部控制的变革

风险管理与内部控制对于事业单位财务管理而言，如同不可或缺的"安全阀"与"稳定器"，在变革的洪流中亟须进行全面升级。

一、风险管理

在风险管理层面，风险识别的范围正在不断拓展。除了传统意义上的财务风险，如资金短缺、债务违约等，非财务风险也日益受到关注。例如，在文化事业单位中，文化传播效果不佳、受众流失等风险可能对单位的存续产生严重影响；而在科研单位，科研项目失败、技术泄密等风险同样不容忽视。因此，构建一套涵盖多维度风险预警的指标体系显得尤为重要。通过综合运用定量与定性分析方法，并借助大数据技术的实时监测能力，我们可以更加精准地捕捉风险动态。例如，通过舆情分析预判文化项目的社会反响，提前制定应对策略，从而将风险扼杀在萌芽状态。

二、内部控制

在内部控制方面，流程优化与数字化赋能正双管齐下。传统的冗长、烦琐的审批流程正在被逐步精简，取而代之的是基于信息化系统的自动化审批流转，这极大地提升了工作效率。同时，区块链技术的引入进一步强化了内部控制的透明度与不可篡改性，确保了财务数据的真实性。以采购业务为例，从采购申请、供应商选择到款项支付，整个流程都在线上留下痕迹，并通过智能比对来杜绝人为操控与舞弊空间。这样的做法不仅筑牢了内部控制的防线，还有力地保障了单位的财务健康。

第三节　财务管理创新与技术应用的变革

一、财务管理创新

（一）理念创新

从理念层面审视，事业单位正逐渐摆脱传统且相对保守的财务管理观念，转而树立起以战略为导向的财务管理新理念。它们不再将财务工作仅仅局限于日常的记账、算账和报账等基础操作，而是将财务管理的触角深入到单位整体的战略规划之中。以医疗事业单位为例，在制定未来五年的发展规划时，财务部门会提前参与其中，紧密结合当地医疗需求的增长趋势、医疗技术的革新方向以及竞争对手的动态变化，通过进行深入的财务分析，为战略规划提供包括资金投入规模、预期收益预测、成本结构优化等一系列关键性的决策信息。这样做的既确保战略规划在财务层面具备可行性，又能够保持可持续性，从而使财务管理真正成为引领单位稳步前行的"导航灯"。

（二）模式创新

模式创新在事业单位财务管理的变革中扮演着至关重要的角色，其中共享财务模式如同一股清新的力量，有效打破了部门间长期存在的财务"信息壁垒"，实现了财务资源在跨部间的高效共享与整合。以大型科研事业单位集团为例，其旗下拥有众多分支机构，过去这些分支机构在财务管理上各自为政，导致财务资源分散、效率低下，且因标准不统一而引发诸多问题。如今，这些集团通过建立共享财务中心，将标准化、重复性高的基础财务工作如账务处理、费用报销等集中处理，实现了财务资源的优化配置。这一变革不仅精简了人员编制，显著降低了人力成本，而且使得基层财务人员得以从烦琐的基础工作中解脱出来，将更多精力投入到管理会计等更具价值的领域。例如，他们可以为科研项目开展深入的成本效益分析，协助制定更加科学合理的科研经费预算，从而推动科研创新成果更快地转化为实际生产力，为单位的可持续发展注入新的活力。

（三）引入市场化竞争机制

引入市场化竞争机制作为模式创新的一个重要方面，正引领着部分辅助性财务业务向外包这一新趋势发展。在文化事业单位举办大型文化展览活动的场景下，面对票务系统搭建的复杂性、现场财务收款管理的烦琐以及活动结束后财务审计的专业性要求，这些单位越来越倾向于将这些业务外包给具备丰富经验的专业财务服务机构。这些专业机构凭借自身成熟的业务流程、先进的技术支持以及专业的财务人才储备，能够高效且精准地完成这些任务。它们不仅确保了文化活动财务流程的顺畅进行，同时也为文化事业单位提供了学习和借鉴外部先进财务管理经验的机会。通过外包合作，文化事业单位不仅能够提升自身的财务管理水平，还能有效激发内部活力，实现内部与外部资源的协同发展，为单位的长期发展注入新的动力。

二、技术应用

（一）云计算在财务数据存储与处理中的应用

1. 云计算在财务数据存储中的应用

（1）高性能的数据存储服务

在数字化浪潮汹涌澎湃的当下，事业单位面临的财务管理环境日益复杂，财务数据的量级如同洪流般不断攀升。云计算所提供的高性能数据存储服务，宛如一道坚不可摧的防线，稳稳地接住这股数据的洪流，确保海量财务数据得以妥善存储。

云存储，凭借其分布式架构的独特魅力，彻底打破了传统存储的物理界限。它不再局限于单个硬盘或服务器，而是将数据分散存储在全球各地的数据中心节点上。这意味着，无论事业单位的财务数据如何膨胀，都能在云存储的广阔天地中找到容身之所。以综合性科研事业单位为例，每年承接的科研项目众多，每个项目从立项到结题，都会产生大量的财务收支记录、设备采购清单、人员经费支出等数据。以往，这些数据常常让本地存储捉襟见肘，频繁扩容不仅成本高昂，还伴随着数据迁移的风险。然而，引入云存储服务后，这些科研财务数据仿佛找到了归宿，无论是数十亿字节还是上百兆字节的项目文档、实验数据及其财务关联资料，都能被安全、高效地存储起来，存储空间不再是问题。

更重要的是，云存储让事业单位能够随时随地访问和管理财务数据，极大地提升了数据的可用性和灵活性。对于拥有众多分支机构、人员分布广泛的大型事业单位而言，这一特性尤为关键。例如，某教育集团拥有多所分校，分布在不同城市。以往，财务人员在进行财务结算时，需要花费大量时间收集各分校的财务数据，再进行汇总整合。由于网络传输速度、本地服务器性能等因素的限制，经常出现数据传输中断、版本不一致等问题，导致结算周期漫长，财务信息滞后。而现在，借助云存储，财务人员无论身处何地，只要通过互联网接入授权账号，就能即时获取集团内任意分校、任意时间段的财务数据。他们可以实时查看账目明细、核对预算执行情况，还能在线修改错误数据、审批财务流程，真正实现了财务管理的便捷与高效。

此外，云存储服务提供商为了满足事业单位对数据实时性的高要求，还配备了高速数据传输通道和智能缓存技术。当财务人员频繁访问某些常用财务数据时，系统能够自动将这些数据缓存至离用户最近的节点服务器。当下次访问时，数据便能迅速加载呈现，极大地提升了操作体验。这种高性能的数据存储服务，不仅让事业单位的财务管理更加流畅高效，还为其数字化转型注入了强劲动力。云存储助力事业单位灵活应对市场变化，精准做出决策，迈向更加辉煌的发展未来。

（2）数据的安全性和可靠性

1）数据加密技术

数据加密技术，作为云计算安全体系的核心，确保了数据在传输和存储过程中的绝对安全。在数据传输阶段，无论是财务人员上传新报表、账目，还是下载历史数据进行分析，云计算平台都会采用如 SSL/TLS 等先进加密协议，将数据转化为密文，仿佛为数据披上了一层隐形的保护罩。这样，即使数据在传输过程中被截获，也无法被未经授权的人员解读，有效抵御了数据被窃取和篡改的风险。而在数据存储时，云计算平台更是运用了多层次的加密策略，针对不同类型的财务数据，采用强度适宜的加密算法，确保只有拥有相应权限的人员才能访问和解密，进一步增强了数据的保密性。

2）访问控制机制

访问控制机制，是另一道确保数据安全的关键防线。云计算平台为事业单位提供了精细化的访问权限管理，根据财务人员及管理层的不同职责和工作需求，精确划分数据访问权限。例如，基层财务人员仅被授予处理日常账务的权限，无法触及涉及单位核心财务决策的数据；而财务部门负责人则拥有更高层次的权限，可查看和分析各类财务报表，进行预算调整等关键操作，但仍无法触及云计算平台的底层技术细节，从而有效避免了因权限滥用或误操作引发的数据风险。此外，多因素身份验证的加入，如手机验证码、指纹识别等，进一步提升了账号的安全性，降低了账号被盗用的风险。

3）备份恢复策略

备份恢复策略，如同数据的最后一道保护伞，确保了数据的完整性和可用性。云计算平台利用其分布式存储架构的优势，在全球多个数据中心进行数据备份，实现了数据的异地多版本存储。这意味着，即使某个数据中心遭遇自然灾害或硬件故障等不可抗力，其他地区的数据备份仍然完好无损，可以迅速启动恢复机制，将数据还原至最近一次的正常状态。例如，一家跨国文化交流事业单位在遭遇总部数据中心受损的危机时，得益于云计算平台的备份恢复策略，迅速切换至其他地区的备份数据中心，成功恢复了所有关键财务数据，确保了业务的连续性，最大限度地降低了损失。

（3）弹性和可扩展性

在瞬息万变且充满变数的数字化商业时代，事业单位犹如航行在波涛汹涌的大海中的船只，面对数据洪流时而平静如水，时而狂风巨浪。云计算所提供的卓越弹性与扩展能力，就像为这艘船装上了智能自适应的帆与舱，使事业单位能够依据实际需求灵活调整，随时按需增减存储容量，从而稳健地驾驭数据浪潮。

一方面，当事业单位迎来业务高峰，数据量急剧增长时，云计算的弹性扩展能力便展现出显著优势。例如，一家负责大型科研项目的事业单位，在项目关键阶段会产出大量实验数据，同时财务数据的记录与分析需求也大幅增加。从科研设备的巨额采购款项，到众多科研人员的薪酬、差旅报销等细节，每一项都需要精确记录并深入分析，导致财务数据量迅速膨胀。此时，传统的本地存储方式常因容量规划固定而陷入困境，存储设备频繁报警，新数据难以存储，甚至可能因存储空间不足导致系统卡顿、崩溃，进而造成业务中断，严重影响科研项目进度，带来巨大损失。然而，云计算平台则能敏锐捕捉数据量的变化趋势，通过自动化的资源调度机制，在极短时间内为用户无缝增加所需存储容量。事业单位既无须耗费大量时间采购、安装新硬件，也无须担心系统兼容性问题，海量新增财务数据得以顺利存储，确保业务流程的顺畅进行。科研人员可以无障碍提交费用报销申请，财务人员能够及时处理账目并生成精准报表，为管理层提供决策支持，确保项目按计划顺利推进。

另一方面，在业务淡季或项目收尾阶段，数据量减少时，云计算的收缩能力又能帮助事业单位避免资源浪费。例如，一家文化事业单位在大型文艺演出季结束后，票务销售、演出成本核算等财务数据的录入速度逐渐放缓，对存储容量的需求大幅降低。若采用传统存储方式，前期为应对高峰而购置的大容量设备将闲置无用，造成资金与能源的浪费。但云计算平台允许事业单位根据实际需求便捷地减少租用的存储资源，如同调节水龙头般轻松自如地控制成本支出。

这种灵活性使事业单位能够灵活应对数据量的波动变化，彻底解决了传统存储方式因容量规划难题而带来的种种困扰。无论是应对突发数据增长需求，还是优化资源配置以降低成本，云计算的弹性与扩展能力都为事业单位在数字化转型的道路上提供了强有力的技术保障，助力其轻盈前行、高效发展。

2. 云计算在财务数据处理中的应用

（1）高效的数据处理能力

云计算平台以其卓越的数据处理能力，在财务数据管理的舞台上大放异彩，为事业单位带来了前所未有的便捷与高效。它能够迅速处理和分析海量的财务数据，这种能力不仅体现在数据的运算速度上，更在于其深度挖掘与分析的精准度。

首先，云计算平台通过其分布式计算架构，能够并行处理大量数据任务，极大缩短了数据处理的时间周期。无论是日常的账务核算、报表生成，还是复杂的财务分析、趋势预测，云计算平台都能在短时间内提供准确的结果，确保事业单位能够迅速掌握财务状况，及时响应市场变化。

其次，云计算平台内置的高级数据分析工具，如机器学习算法、数据挖掘技术等，能够深入挖掘财务数据中的隐藏规律和潜在价值。通过对历史数据的深度分析，平台能够揭示成本构成、盈利能力、现金流状况等关键财务指标的变化趋势，为事业单位提供科学的决策依据。例如，在预算编制过程中，云计算平台可以基于历史数据智能预测未来的支出需求，帮助事业单位合理规划资金，避免资金短缺或过度浪费。

此外，云计算平台还支持实时数据处理功能，能够即时捕捉并处理财务数据的变化，确保信息的时效性和准确性。这对于需要实时监控财务状况的事业单位来说尤为重要，如医疗机构、教育机构等，它们需要随时掌握资金流动情况，以应对突发的财务需求或危机。

（2）自动化的财务报表编制和分析

云计算技术的引入，为事业单位财务报表的编制与分析工作带来了革命性的变革。借助云计算的强大数据处理与分析能力，事业单位能够实现财务报表编制的自动化，以及深度、多维度的数据分析，从而极大地提升了工作效率与报表的准确性、可靠性。

首先，自动化财务报表编制是云计算技术在财务管理领域的一大亮点。传统的财务报表编制过程烦琐且耗时较长，需要会计师手动收集、整理大量数据，再依据会计准则进行手工录入与调整。而云计算平台通过集成化的财务管理系统，能够自动从各业务部门系统中抓取相关数据，如销售收入、成本费用、资产负债等，按照预设的财务报表模板自动生成各类财务报表，如资产负债表、利润表、现金流量表等。这一过程不仅大大缩短了报表编制的时间，还减少了人为错误的可能性，确保了报表的准确性和时效性。

其次，云计算平台的自动化报表编制与分析功能还能够实现报表的定制化与动态更新。事业单位可以根据自己的业务需求，灵活设置报表的格式、内容与更新频率，确保报表能够满足不同层级、不同部门的信息需求。同时，随着单位业务的发展与市场环境的变化，云计算平台还能够根据最新的会计准则与法规要求，自动调整报表编制的规则与逻辑，确保报表的合规性与准确性。

（3）个性化的财务报表服务

云计算技术的广泛应用，为会计师及决策者提供了前所未有的个性化财务报表服务体验。这一服务打破了传统财务报表的局限性，使会计师能够根据不同的业务需求、分析角度和决策者的特定需求，灵活定制财务报表，从而提供更加全面、深入且精准的财务信息。

首先，云计算平台通过高度可配置的系统架构，允许会计师自定义报表模板、数据维度、分析指标等，以满足不同业务场景下的报表需求。例如，对于关注成本控制的决策者，会计师可以定制包含详细成本构成的报表，以揭示各项成本的变动趋势及原因；而对于关注盈利能力的决策者，则可以定制展示利润结构、毛利率等关键指标的报表，以评估企业的盈利能力及市场地位。

其次，云计算平台还支持报表的实时更新与动态调整。随着市场环境的变化及单位业务的拓展，决策者对于财务信息的需求也在不断变化。云计算平台能够实时捕获并处理最新的财务数据，根据预设的规则与逻辑自动更新报表内容，确保决策者能够获取到最准确、最及时的财务信息。同时，会计师还可以根据决策者的反馈，随时调整报表的分析角度、数据呈现方式等，以满足其不断变化的信息需求。

此外，云计算平台还提供了丰富的数据分析工具与可视化展示功能，帮助会计师深入挖掘财务数据中的价值，并以直观、易懂的方式呈现给决策者。通过图表、仪表盘、趋势线等可视化元素，决策者能够更直观地理解财务数据，发现潜在的业务机会与风险，从而做出更加明智的决策。

（二）区块链技术在财务审计与合规中的应用

1. 财务审计中的应用

（1）提高审计效率与准确性

区块链技术犹如一颗璀璨的新星，凭借其分布式记账和不可篡改的独特优势，为审计工作的突破提供了强有力的支持，极大地提升了审计的效率与精确性。

区块链的分布式记账模式，彻底颠覆了传统财务记账的中心化格局。在事业单位内部，财务数据以往常常集中存储在单一的财务系统或服务器中，这种集中化的存储方式不仅面临着系统故障、黑客攻击等导致的数据丢失风险，还容易引发数据被人为篡改的担忧。而区块链技术则构建了一个去中心化的网络架构，众多节点共同参与记账过程，每一笔财务交易都像被众多双眼睛同时盯防。以事业单位的日常经费报销为例，员工提交报销申请后，这笔费用的详细信息、审批流程、支付记录等都会同步在多个节点上进行记录，这些节点可能遍布于单位内部的不同部门，甚至延伸至外部的金融机构、监管部门等。这种全方位的记录方式确保了数据的完整性和安全性，不再依赖于单一的数据源，大大降低了数据丢失或被恶意篡改的风险。

基于分布式记账的不可篡改特性，更是为审计工作奠定了坚实的基础。对于审计人员而言，这意味着他们可以轻松地追踪每一笔交易的全过程，就像沿着一条清晰的轨迹探索真相。在审查事业单位的重大项目资金时，无论是项目初期的预算拨付，还是实施过程中的各项费用支出，乃至项目收尾阶段的尾款结算，每一个环节的交易记录都如同被镌刻在区块链的"历史丰碑"上，永久保存且无法更改。审计人员无需在大量的纸质凭证和电子表格中费力寻找线索，进行烦琐的手工对账，他们只需通过区块链浏览器等便捷工具，输入相关交易的关键信息，就能迅速获取该笔交易从起始到结束的完整记录，包括参与方、时间戳、金额变化等详细信息。

这种便捷性使得审计效率得到了质的飞跃。以往，一个中型规模的事业单位完成年度财务审计可能需要审计团队花费数月的时间，人工核对海量的账目数据，反复核实每一笔资金的合理性和合规性。而现在，借助区块链技术，审计周期大幅缩短，许多常规性的核对工作都能在极短的时间内完成。审计人员得以将更多的精力投入到对复杂业务交易的深入分析、潜在风险的精准识别上。同时，由于所有交易记录都是不可篡改的，这为审计的准确性提供了有力的保障。审计人员可以更加确信所获取的数据是真实可信的，就像拥有了一把精准的标尺。在传统审计过程中，由于人为疏忽、数据造假等原因，审计结果时常出现错误和遗漏，给事业单位带来潜在的财务风险和合规问题。例如，一些财务人员为了掩盖预算超支等问题，可能会私自修改账目明细，导致审计人员在初步审查时难以发现真相。但区块链技术彻底杜绝了这种情况的发生，每一笔数据都以其最原始、最真实的状态呈现给审计人员。他们依据这些可靠的数据做出的审计判断更加准确，有效避免了因错误信息导致的审计偏差。审计报告能够如实反映事业单位的财务状况，为管理层决策、监管部门监督提供有力的依据，推动事业单位在合规运营的道路上稳健前行。

（2）实现实时审计与监控

区块链技术首先打破了传统审计在时间与空间上的重重束缚，让审计人员得以在任何时间、任何地点自由访问和审计财务数据。事业单位的财务活动宛如一条奔流不息的数据长河，每一刻都在生成浩如烟海的信息。这些数据广泛分布于各个部门和业务环节，传统审计模式往往受限于固定的办公场所和审计时段，难以全面、及时地捕捉潜在问题的蛛丝马迹。然而，区块链技术所构建的分布式账本体系，就像为这条数据长河搭建了一座四通八达的信息桥梁。借助先进的加密技术和去中心化网络架构，审计人员凭借授权的数字密钥，无论是在出差途中，还是在非工作时段，都能轻松通过手机、平板电脑等移动设备，即时接入区块链财务平台，精确调取所需的财务数据。

以一家承担紧急救援任务的事业单位为例，在面临突发灾害事件时，救援资金迅速到位，物资紧急调配，财务交易瞬间激增。此时，分布在全国各地的审计人员，借助区块链技术，可以实时追踪每一笔救援资金的流向。从上级专款拨付，到采购帐篷、食品、医疗用品，再到一线救援人员补贴的发放，每一分钱的使用情况都尽收眼底。一旦发现资金流向异常，如物资采购价格明显高于市场价，审计人员便能迅速介入调查，及时制止潜在的舞弊行为，确保救援资金的安全、高效使用。这种实时性让审计人员仿佛置身于财务运作的核心地带，敏锐地捕捉潜在问题和风险，并迅速采取相应措施进行干预，将损失降至最低。

另一方面，区块链技术与智能合约的巧妙结合，更是为自动审计的实现奠定了坚实基础。智能合约就像区块链上的"自动审计卫士"，根据预先设定的规则和条件自主运行。当预设的审计条件被触发时，它会毫不犹豫地自动执行审计任务，并将结果实时反馈给审计人员。在事业单位的日常经费管理中，智能合约发挥着重要作用。例如，当某部门月度差旅费支出接近或超出预算上限的80%时，智能合约会自动启动审计流程，迅速收集该部门近期的差旅费报销明细，通过比对行程安排、住宿标准、交通票据等信息，运用内置的审计算法核查是否存在违规报销行为。完成审计后，智能合约会立即将详细结果，包括违规事项、涉及金额、证据截图等，以弹窗、邮件等形式精准推送至审计人员及相关部门负责人，整个过程无需人工手动发起，既高效又精准。

这一创新性的结合不仅极大地提升了审计的时效性，还有效减少了因人为因素导致的审计疏漏和延迟。它让审计工作从传统的被动式、阶段性审查转变为主动式、实时性监控，如同为事业单位的财务健康安装了一台 24 小时不间断运转的智能预警系统，全方位守护单位资金安全，确保其在合规的轨道上稳健前行，持续为社会公益事业贡献力量。

（3）降低审计成本

区块链技术的自动化和智能化特性，为审计行业带来了前所未有的变革，显著提升了审计过程的效率与准确性，从而大幅度降低了对人工审计的依赖，进一步缩减了审计成本。这一变革不仅体现在直接减少审计人员数量和工作时间上，更在多个层面深刻影响着审计成本的结构与规模。

首先，从人力资源的角度来看，区块链技术的引入使得审计流程得以自动化，许多原本需要人工执行的烦琐任务，如数据收集、验证、比对等，现在都可以通过智能合约和算法自动完成。这不仅减轻了审计人员的工作负担，还使得审计团队能够更专注于对复杂业务交易的深度分析和潜在风险的精准识别。因此，随着自动化程度的提高，审计团队更加精简高效，减少了对大量审计人员的依赖，从而直接降低了人工成本。

其次，从时间成本的角度来看，区块链技术通过提供实时、可追溯的财务数据，使得审计人员能够迅速获取所需信息，大大缩短了审计周期。传统审计模式下，审计人员需要花费大量时间从各个部门收集数据，并进行烦琐的手工比对和验证。而区块链技术则通过其分布式账本和不可篡改的特性，确保了数据的完整性和准确性，使得审计人员能够即时获取到最新、最准确的财务数据，从而显著提高审计效率，降低时间成本。

此外，区块链技术还通过提高审计的准确性和效率，间接降低了因审计错误或遗漏而导致的潜在损失。传统审计模式下，由于人为因素或数据不一致等问题，审计结果往往存在一定的误差率。而区块链技术通过其强大的数据验证和加密机制，确保了审计数据的准确性和一致性，从而大大降低了审计错误的风险。这不仅提高了审计结果的可靠性，还减少了因审计错误而引发的法律纠纷和财务损失，进一步降低了审计成本。

2. 合规性管理中的应用

（1）增强合规透明度

事业单位作为公共服务的提供者，合规运营已成为其持续健康发展的重要基石。而区块链技术，凭借其独特的分布式账本架构，为事业单位搭建了一个透明、可追溯的合规记录平台，为合规管理指明了新的方向。

区块链技术通过去中心化的方式，将所有与合规性相关的交易和事件记录在一本公开的"数字账本"上。无论是财政拨款的流入与支出、物资采购的合同签订与执行，还是项目招标的参与方信息与评标结果，都以加密的形式被永久保存在区块链的各个节点中。这种方式打破了传统中心化存储模式下信息可能被操控或隐藏的局限。在过去，一些事业单位的敏感财务交易往往仅存储于内部少数核心人员掌控的系统中，外界难以全面了解。一旦出现合规问题，追溯调查往往困难重重，这不仅增加了腐败风险，也削弱了公众对事业单位的信任。然而，区块链技术的引入彻底改变了这一局面。

以一家专注于文化遗产保护的事业单位为例，该单位每年会接收大量来自政府和社会公益组织的专项资金，用于文物修复、展览策划等项目。在区块链技术的支持下，从文物修复材料的采购开始，每一笔资金的流向都被清晰地记录在区块链上。采购方、供应商、交易金额、货物交付时间等详细信息均可实时查看，且这些记录对所有授权人员开放。无论是内部的纪检部门、上级主管单位，还是外部的捐赠者、社会公众，只要获得相应的查看权限，便能轻松追踪资金的使用情况。例如，一位关注文物保护的志愿者可以通过区块链平台查看自己捐赠的资金具体用于哪件文物的修复，购买修复材料的价格是否合理，修复团队的资质是否达标等信息。这种透明度极大地增强了公众对事业单位资金使用的信任，提升了社会公信力。

此外，区块链技术的可追溯性为合规审查提供了强有力的支持。当面临合规质疑时，审计人员、监管机构可以沿着区块链的"轨迹"回溯每一个交易节点。如果某个文化展览项目被举报存在资金挪用问题，审计人员可以迅速从项目启动资金的拨付源头查起，依次查看资金在场地租赁、展品运输、宣传推广等各个环节的分配和使用情况，准确找出可能存在的问题节点，快速还原事实真相。

（2）简化合规流程

在当今快速变化的社会经济环境中，事业单位面临着日益复杂的法规政策网络，合规流程的烦琐性已成为制约其高效运作的一大瓶颈。然而，区块链技术的引入如同一股清流，为这一难题提供了突破性的解决方案，助力事业单位构建起自动化的合规性管理系统，实现了合规流程的重大简化。

区块链技术赋能的自动化合规管理系统，犹如一位智能助手，全天候、无间断地监测和记录着与合规性紧密相关的每一项交易和事件。从日常办公用品的微小采购，到单位重大投资决策的宏大布局，每一个环节的资金流动、合同签署、审批流程等关键信息，都被精确且实时地捕捉并录入区块链的分布式账本中。

以一家致力于教育公益事业的事业单位为例，在筹备一场大型线上教育课程推广活动时，需要与多家外部供应商紧密合作，包括课程制作团队、广告投放商以及技术服务公司等。在传统模式下，每一项合作的合规审查流程都显得冗长而复杂，需要多个部门的人工参与和反复核对。财务部门需要核对付款是否符合预算与财务制度，法务部门则需审查合同条款以确保不存在法律风险，内部审计部门还需定期抽检以防止违规操作。这一系列流程不仅耗费大量人力和时间成本，还容易因人为疏忽和信息沟通不畅导致错误频发，使得合规流程进展缓慢，活动推进受阻。然而，借助区块链技术构建的自动化系统，这一困境得到了根本性的改善。从与课程制作团队签订合作协议的那一刻起，系统便自动启动，依据预先设定的合规规则与条件，如合同金额上限、付款节点、合作方资质等，对合同签订、资金拨付、服务交付进度等全过程进行实时监测。一旦发现任何异常，如合同金额超出预设上限，系统会立即发出预警，并自动暂停付款流程，同时将详细异常信息推送至相关负责人，等待进一步核实与处理。这种自动判断和处理机制贯穿于整个活动的筹备与实施阶段，无论是广告投放费用的阶段性结算，还是技术服务的验收付款，所有环节都按照预设规则有条不紊地进行。

这一创新性的应用不仅极大地简化了合规流程，将原本分散在各部门、需要反复人工核对的烦琐工作整合为系统自动化处理，还显著降低了人工干预带来的不确定性和人为错误。事业单位的工作人员得以从繁重的合规事务中解放出来，将更多精力投入到核心业务的开展上，确保教育公益活动能够高效、顺利地实施，为社会提供更优质的教育服务。同时，这也进一步提升了事业单位的运营效率和社会影响力。

此外，区块链技术所具备的信息不可篡改特性，为整个合规流程提供了坚实的数据支撑。每一次系统的自动判断与处理结果都被永久记录，形成了一条完整且可信的合规审计链条。监管机构、上级主管部门在进行审查时，无需再耗费大量时间翻阅纸质文档或核实电子数据，只需在区块链平台上一键查询，便能迅速获取全面、真实的合规信息。这不仅提升了外部监管的效率和精准度，还促使事业单位在合规的道路上更加稳健、持续地前行。

（三）人工智能在财务报告自动化中的应用

1. 自动化数据处理与分析

事业单位在财务管理的复杂环境中，仿佛置身于一场数据处理的庞大棋局，面临着堆积如山的财务报表、精细入微的预算数据以及繁星点点的经济指标等海量且繁杂的数据挑战。这些数据如同重峦叠嶂，每月、每季度、每年都亟待梳理与分析。然而，传统的人工处理方式在这场数据洪流中显得力不从心，不仅耗时费力，还容易出错，难以应对如此庞大的数据体量。

此时，AI 技术犹如一把锐利的剑，以其强大的机器学习和数据挖掘算法，为事业单位财务管理中的数据处理难题带来了全新的解决方案。

（1）机器学习算法

机器学习算法如同一位拥有超凡智慧的助手，通过对历史财务数据的深度学习，逐渐洞察数据的内在规律与关联模式。它能够精准地识别各类财务数据中的关键特征，自动对相似数据进行分类与汇总，就像在混乱的数据仓库中迅速整理出条理清晰的货架，为后续的分析工作奠定了坚实的基础。

（2）数据挖掘算法

数据挖掘算法则更像是一位深入数据宝藏的探险家，它在海量数据中挖掘出隐藏的价值。它能够从看似无关的数据碎片中，发现潜在的趋势、关联与异常，为事业单位提供宝贵的决策依据。以一家医疗事业单位为例，通过数据挖掘算法分析历年患者就医费用、药品采购成本、医保报销比例等多源数据，竟然揭示了疾病高发季节与特定药品需求、医疗成本支出之间的紧密联系。这为医院提前做好药品储备、合理调配医疗资源提供了科学的指导，实现了从数据到洞察的飞跃。

（3）自然语言处理（NLP）技术

AI技术中的自然语言处理（NLP）技术如同一把神奇的钥匙，打开了非结构化数据的价值之门。在事业单位的日常运营中，大量非结构化数据如会议纪要、项目报告、政策文件等文本资料中蕴含着丰富的财务信息。然而，由于格式杂乱，这些宝贵的信息难以被传统分析手段所利用。NLP技术的出现改变了这一现状。它能够理解人类语言的语义与语法，精准地提取文本中涉及财务收支、预算调整、风险提示等关键信息，并将其转化为结构化数据融入整体分析框架。例如，在一份关于新医疗技术引进项目的可行性研究报告中，NLP技术可以迅速捕捉设备采购预算、预计收益周期、人才培训费用等核心财务要点，进一步丰富了分析的维度。这使得财务分析不再局限于冰冷的数字表格，而是融入了鲜活的业务背景信息，为事业单位的决策提供了更加全面、深入的洞察。

2. 智能财务报表生成

AI驱动的智能系统，如同一位精准的财务编织者，能够自动且高效地生成财务报表。它遵循预设的会计准则、财务模板和单位特有的财务核算规则，通过机器学习模型对海量历史数据的深入学习和理解，精准捕捉、整合各类财务信息。无论是日常琐碎的收支流水，还是长期资产的折旧摊销、负债的变动，抑或是专项资金的收支明细，都能被井然有序地融入报表之中。以一家科研事业单位为例，其科研项目众多，资金来源多样，支出类目繁杂。过去，财务人员需耗费大量时间在账目凭证中核对数据，稍有不慎便可能导致数据错配或遗漏，一份完整的项目财务报表往往需要数周时间。而现在，AI技术能够迅速启动数据采集与分析流程，精准关联不同项目和阶段的财务数据，短时间内即可生成逻辑清晰、数据准确的财务报表，极大提升了报表编制的效率和质量。

AI技术还巧妙地运用数据可视化技术，将原本复杂难懂的财务数据以直观、生动的图表和仪表盘形式呈现。收入构成分析通过柱状图清晰展示不同业务板块和项目的收入占比，让管理层一眼便能洞察单位的主要盈利来源；费用支出情况则以折线图呈现变化趋势，精准捕捉成本波动节点，助力挖掘成本节约空间。仪表盘则如同一个全面的驾驶舱，将资产负债率、流动比率、预算执行率等关键财务指标以醒目的数字卡片和动态进度条形式实时展示，管理者只需轻点鼠标，就能深入探索指标背后的详细数据，实现多层次的数据透视。这种可视化呈现方式，降低了财务信息的理解门槛，让非专业人员也能轻松理解财务信息。在跨部门协作中，业务部门通过可视化图表迅速了解项目财务效益和成本控制情况，与财务部门无缝对接，共同优化业务流程，提升资金使用效率。

对于事业单位而言，智能财务报表生成的意义深远。管理层如同站在财务信息的制高点，能够实时、精准、全面地掌握单位财务状况。在面临重大项目投资决策时，借助 AI 生成的可视化财务报表，快速对比项目预计收益与资金储备、负债承载能力，结合市场趋势分析，迅速判断项目可行性，做出明智决策，避免资源浪费。在制定年度预算规划时，通过对历年财务数据可视化呈现的深入分析，精准把握各部门资金需求规律、业务增长与成本变动关系，制定出科学合理、贴近实际的预算方案，为单位的稳健发展奠定坚实基础。

3. 智能风险识别与预警

财务报告编制并非简单的数字堆砌，它背后蕴含着事业单位运营的丰富细节，从日常开支到重大项目资金运作，无一不包。在这一复杂流程中，传统的风险识别手段往往难以应对，如同在迷雾中摸索，难以准确捕捉那些隐蔽的风险点。财务人员受限于经验和精力，面对庞大的交易和行为数据，只能进行阶段性、抽样式的检查，这极易导致关键风险的遗漏。

AI 技术的引入彻底改变了这一局面。其深度学习模型就像一位不知疲倦、洞察力敏锐的财务守护者，能够实时、全面地监控每一笔交易和每一个行为数据。AI 通过海量历史财务数据的滋养，不断自我学习、优化算法，从而能够精准识别出偏离常态的异常模式。例如，在识别异常财务交易时，AI 会综合考虑交易金额、时间、对象等多个维度，构建动态风险画像。一旦某笔资金以异常大额、在非工作时间流向与单位业务无关联的账户时，AI 系统会迅速捕捉这一异常，标记为潜在的资金挪用风险。同样，对于不合理的费用支出，AI 能够深入对比同类业务、市场行情及单位内部标准，敏锐地识别出费用管控漏洞。

一旦 AI 识别出潜在风险，其高效的预警机制便会立即启动。它就像一位训练有素的信使，通过弹窗提醒、短信通知、邮件警报等多种渠道，第一时间将预警信号精准送达至相关负责人。以一家承担紧急救援任务的事业单位为例，在救援资金调配过程中，AI 实时监控资金流向。若发现某笔救援物资采购款项支付给信誉不佳、报价明显高于市场的供应商，AI 系统会立即触发预警，不仅向财务负责人发送详细风险信息，还同步通知采购、纪检等相关部门。相关负责人接到预警后，能够迅速采取干预措施，如暂停付款流程、审查供应商资质与合同，或深入调查是否存在内部利益输送问题。

这种实时的风险识别与预警机制，为事业单位赢得了宝贵的应对时间。它使事业单位能够在风险之初尚未造成严重后果时，及时采取精准有效的防范与应对策略，将潜在损失降到最低，确保单位财务稳健，持续为社会公益事业贡献力量。

4. 提升决策支持能力

AI 技术不仅可以用于自动化处理和分析数据，还可以为事业单位的决策提供有力支持。通过训练模型，AI 可以识别数据中的模式和趋势，为管理层提供关于财务状况、预算执行情况、市场趋势等方面的洞察。这些洞察有助于管理层更好地了解单位的运营状况和市场环境，从而做出更明智的决策。

5. 移动支付与财务管理的融合

在数字化浪潮席卷全球的今天，移动支付凭借其便捷性和高效性，已成为各行各业转型的重要驱动力，事业单位亦不例外。移动支付与事业单位财务管理的深度融合，正引领着一场深刻的变革，为单位的运营与管理注入新的活力，重塑财务管理的生态格局。

（1）支付流程的全面革新

以往，事业单位在缴费环节往往面临流程烦琐、耗时较长的问题。民众在办理业务缴费时，需要排队等待，经历现金清点、找零核对等复杂步骤，而工作人员也需投入大量精力处理现金收支、开具票据等烦琐事务，这不仅效率低下，还容易出错。然而，随着移动支付的引入，这一状况得到了根本性的改变。以水电费缴纳为例，事业单位通过与移动支付平台合作，使得民众只需通过手机 App 输入缴费账号，便能一键完成支付，整个过程耗时极短，资金瞬间到账。对于事业单位而言，线上支付系统自动记录缴费信息，并实时更新财务账目，避免了人工记账的延迟与差错，极大地提升了缴费效率和财务数据的准确性，让双方都从烦琐的线下流程中解放出来。

（2）资金管理的精细化升级

移动支付为事业单位的资金管理带来了前所未有的精细化水平。借助支付平台强大的数据分析功能，财务人员能够精准掌握每一笔资金的来源、去向及支付时间。例如，在教育事业单位中，通过移动支付收取学费、培训费时，可以详细了解不同专业、不同课程项目的缴费情况，对比各时段的缴费趋势，从而精准洞察招生与资金回笼的动态关系。在资金支出方面，无论是采购教学设备、发放教职工薪酬，还是支付场地租赁费用，移动支付的实时记录与分类统计功能，都能帮助财务部门清晰监控预算执行的进度，及时发现异常资金流动，提前预警资金短缺风险，为资金的合理调配和优化使用提供有力支持，确保单位财务的稳健运行。

（3）财务风险防控的全面强化

在复杂多变的金融环境下，事业单位面临的财务风险不容忽视。而移动支付的多重安全保障机制为财务风险防控提供了有力保障。一方面，移动支付平台采用先进的加密技术，确保用户支付信息在传输和存储过程中的安全性，有效杜绝了信息泄露导致的盗刷风险，保障了缴费人的资金安全，维护了事业单位的公信力。另一方面，从单位内部财务管理的角度来看，移动支付的每一笔交易都留下了清晰可追溯的电子痕迹。相较于传统现金交易的隐蔽性，这极大地降低了内部人员违规挪用资金、虚报费用等舞弊行为发生的概率。一旦出现异常交易，财务人员可以迅速通过电子记录回溯源头，精准定位问题，及时采取补救措施，将风险损失控制在最小范围内。

（4）业财融合的深度推进

移动支付的普及如同一座桥梁，紧密连接了事业单位的业务部门与财务部门，有力推动了业财融合的深化发展。业务部门在开展活动、提供服务的过程中，可以直接通过移动支付收取费用，而财务系统则能够实时同步数据。这使得业务人员能够即时了解收款情况，财务人员也能第一时间掌握业务动态对财务的影响。例如，在文化事业单位举办展览活动时，现场通过移动支付售票，业务人员可以根据实时票房收入调整宣传推广策略，财务人员则同步监控收入增长与成本支出情况。双方协同优化资源配置，提升活动效益。这种紧密互动打破了部门间的数据壁垒，促使业务流程与财务流程实现深度整合。这使得事业单位在决策制定、资源规划时能够基于更全面、精准的信息，从而实现整体运营效能的显著提升。

尽管移动支付与事业单位财务管理的融合带来了诸多利好，但在实践过程中仍需关注系统兼容性、网络安全保障等问题。然而，随着技术的不断进步和管理经验的日益积累，移动支付必将在事业单位财务管理领域发挥更加重要的作用，助力单位在数字化转型的道路上稳健前行，更好地服务于社会大众。

第八章　案例研究与实证分析

第一节　国内外变革案例分析

一、英国某知名科研机构的全面成本管理实践

在英国，一家备受瞩目的科研机构在财务管理领域实施了全面成本管理体系，以应对科研项目复杂多样、资金来源广泛的挑战。该体系精准核算每个项目从研发到成果转化全流程的直接与间接成本，包括人力成本在不同项目阶段的投入、科研设备的使用损耗以及各类耗材的消耗明细。这一举措不仅实现了成本的精细化管控，还为项目定价、经费申请提供了强有力的数据支撑。在变革初期，科研人员曾对财务流程的烦琐化表示担忧。然而，通过加强培训沟通，该机构成功使科研人员理解了成本管理对项目可持续性的重要意义，并逐渐达成了共识。最终，该机构在科研经费利用效率上实现了约30%的提升，成果转化率也显著提高，充分展示了全面成本管理在科研领域的卓越效能。

二、美国大型文化艺术事业单位的市场化运营探索

在美国，一家大型文化艺术事业单位在面对政府拨款逐年递减的困境时，积极引入了市场化运营模式进行财务管理创新。该单位大胆拓展商业合作渠道，与企业联合举办文化活动、开发文创产品，实现了从单纯依赖政府资助到自我"造血"的华丽转变。在财务管理方面，该单位设立了专门的商务拓展与财务对接部门，负责评估合作项目的经济效益与风险。例如，在与一家

知名时尚品牌合作推出限量版文创服饰时，财务部门提前介入，精准测算设计、生产、营销成本，并结合市场调研预估收益，确保了项目的盈利空间。同时，利用大数据分析观众喜好与消费趋势，优化文化活动策划与票务定价策略，使得年度运营收入中非政府拨款占比提升至 50% 以上，有力保障了文化艺术事业的蓬勃发展。

三、上海某高校的一体化智慧财务平台建设

在国内，上海某高校作为教育事业单位的代表，在财务管理信息化建设方面取得了显著成效。该校构建了一体化智慧财务平台，集成了教务管理、科研管理、资产管理等多个系统的数据。学生缴费、选课信息实时同步至财务系统用于学费核算；科研项目立项与经费预算自动关联，方便经费的精准管控与追踪；资产购置、调配、报废信息全流程线上记录，保障了资产账实相符。

借助该平台，该校财务报表的生成时间从原来的半个月缩短至 3 天以内，大大提高了财务管理效率。同时，为学校管理层提供了高效、精准的数据支持，助力学校在学科建设、人才培养等方面快速发展。

四、深圳某公益性质医疗机构的预算管理创新

深圳一家公益性质的医疗机构在预算管理创新方面走出了特色之路。该机构摒弃了传统的固定预算模式，采用了滚动预算结合零基预算的方法。每月根据实际业务量、医疗政策变化动态调整后续季度预算，确保预算贴合医疗服务实际需求。

在编制预算时，该机构以零为起点，全面评估各科室医疗服务项目的必要性与成本效益，优先保障重点科室、关键医疗技术项目的资金。通过强化预算执行监控，引入信息化预警系统对药品采购、设备维修等关键支出项目实时跟踪，预算偏差率控制在 5% 以内。这一举措有效提升了医疗资源配置效率，为患者提供了更优质、高效的医疗服务。

❖ 第二节　实证研究与数据分析

实证研究与数据分析是揭示事业单位财务管理变革内在规律、科学评估变革效果的核心途径。

首先，精心挑选研究样本，确保它们在教育、科研、文化、医疗等多个领域具有广泛的代表性。具体而言，选择了来自不同地域、规模各异的50所高校、30家科研机构、20家文化事业单位和40家医疗机构，并对这些单位财务管理变革前后至少三年的数据进行了追踪。

在数据收集过程中，注重数据的全面性和多样性。除了传统的财务指标，如资产负债率、经费自给率和成本利润率等，用于评估财务状况和经营效益外，我们还纳入了业务指标，如科研项目成果数量、学生毕业就业率、文化活动参与人数和患者治愈率等，以反映业务发展状况。同时，我们也收集了与变革直接相关的数据，如信息化建设的投入、共享财务中心的建设进度以及新预算方法的应用比例等，以体现变革的推进情况。

运用统计分析方法对收集到的数据进行了深入剖析。通过相关性分析，探究了财务管理变革举措（如信息化建设的程度、预算管理创新的方式等）与业务发展、财务效益指标之间的内在联系。例如，我们发现在科研事业单位中，信息化建设投入每增加10%，科研成果的产出效率平均就能提升约8%；而在医疗事业单位中，采用滚动预算结合零基预算的方法后，医疗资源的浪费率降低了约12%，患者的满意度也提高了约10分（满分100分）。此外，还借助回归分析构建了预测模型，为其他事业单位提供了有益的参考。以文化事业单位为例，相关人员基于数据分析构建了票务收入预测模型，将演出场次、演员知名度、宣传推广费用和季节因素等作为自变量，票务收入作为因变量，通过回归分析确定了各变量的系数。这个模型可以帮助文化事业单位预测未来的票务收入，从而辅助财务管理决策，合理安排演出预算，优化资源配置，实现文化事业的可持续发展。通过严谨的实证研究与数据分析，能够为事业单位财务管理变革提供坚实的理论支撑和实践指导，帮助它们准确把握变革的方向，实现高质量的发展。

第九章 结论与建议

第一节 研究结论

经过对事业单位财务管理变革的多角度深入探索，包括理论深度解析、策略全面研讨以及实际案例的实证分析，一系列核心发现逐渐清晰。

首先，事业单位财务管理变革是顺应时代发展潮流的必然选择。从外部环境来看，信息技术的飞速发展、政策法规的不断更新、社会需求的日益多元化以及公共财政体系的重构，如同四面八方的洪流，不断冲击着传统的财务管理模式。而从内部运营的角度来看，业务的不断拓展、资金来源的多样化以及提升绩效的迫切需求，如同强大的内在动力，推动着财务管理模式进行革新。只有主动适应变革，才能在时代的浪潮中站稳脚跟，确保事业单位能够持续履行其社会公益职能。

其次，变革所带来的成效显著且影响深远。从多个案例分析中可以看出，无论是国外科研机构实施的全面成本管理、文化艺术单位采取的市场化运营模式，还是国内高校推进的信息化建设、医疗机构在预算管理上的创新，都在不同程度上实现了资源的优化配置、服务质量的显著提升以及财务效益的稳步增长。例如，英国某科研机构科研经费的利用效率大幅提升了30%，成果转化率也显著提高；上海某高校的财务报表生成时间大幅缩短，为管理层的决策提供了高效的数据支持；深圳某医疗机构则通过变革降低了医疗资源的浪费率，同时提升了患者的满意度。这些实实在在的成效充分展示了变革的强大推动力。

再次，财务管理变革是一个涉及多个方面的系统工程，各个环节之间紧密相连、相互支撑。精细化的会计核算为精准决策提供了坚实的基础，科学性的预算管理为资源的合理配置指明了方向，成本控制与资产管理的协同发力则巩固了运营的根基，而智能化的财务分析与决策则为单位的发展提供了有力的引导。同时，技术赋能、人才培养以及制度保障如同推动变革的"三驾马车"，缺一不可，共同驱动着变革的稳步前行。任何一个环节存在短板都可能制约整体变革的效果，因此，只有全方位协同推进，才能实现财务管理的根本性转变。

最后，变革实践中所面临的挑战不容忽视。在变革的过程中，人员观念的转变困难、技术落地的障碍以及制度适配的滞后等问题层出不穷。例如，科研机构在推行成本管理初期就遭遇了科研人员的抵触情绪，这反映出观念更新的难度；部分事业单位在信息化建设过程中遇到了数据安全、系统兼容性等方面的难题，凸显出技术落地的复杂性；还有一些单位的制度未能及时跟上变革的步伐，出现了管理真空或冲突的情况，这警示单位制度保障的及时性和适配性至关重要。正视并妥善解决这些挑战，是深化财务管理变革的关键所在。

◈ 第二节　政策建议与实施路径

一、政策建议

（一）政府层面

1. 完善法规政策框架

在当今这个日新月异的时代，政府肩负着至关重要的职责——持续精进并完善其法规政策体系，以适应社会的深刻变革。事业单位作为社会发展的基石，正面临着前所未有的机遇与挑战，而政府则需紧密跟随变革的步伐，为其提供坚实的制度保障。

首要关注的是会计准则的革新。随着经济活动日益复杂多变，传统的会计准则已难以满足新兴业务形态的需求。为此，政府需组建由顶尖财会专家构成的团队，广泛汲取国内外先进经验，并结合本土实际，对会计准则进行全面而深入的修订。无论是新兴产业所带来的资产计量难题，还是跨领域合作中的收入确认挑战，新修订的会计准则都应提供明确、具体的指导，确保事业单位在财务处理时能够有据可依，操作规范。

预算管理办法的优化同样至关重要。它直接关系到事业单位资源的科学配置与高效利用。政府需紧跟时代步伐，综合考虑社会发展趋势、民众需求变迁以及财政收支结构的动态变化，对预算编制流程进行精细化调整，细化预算项目分类，并强化预算执行的监控力度。借助大数据分析、智能预警等前沿科技手段，确保财政资金的精准投放与高效利用，为事业单位的稳健发展提供坚实的资金支撑。

审计监督制度作为保障事业单位财务健康的"守护神"，其作用不容忽视。政府应加大对审计监督的投入，拓宽审计覆盖面，从常规财务收支审查延伸至重大项目投资、专项资金使用等关键领域。同时，不断更新审计手段，融入数字化审计模型，提升审计效率与精确度，及时发现并纠正潜在的财务风险与违规行为，确保事业单位的财务自律与合规运营。

面对线上教育、远程医疗等新兴业务模式的蓬勃兴起，政府更需展现出高度的敏锐性与行动力。这些新兴业务打破了传统行业的界限，带来了全新的财务核算与监管挑战。政府应迅速组织跨部门专家研讨会，携手行业协会与领军企业，共同制定具有针对性的专项核算与监管细则。明确线上课程收入的确认标准、远程医疗服务中各项费用的分摊原则以及成本核算的精确范围，确保事业单位在涉足这些新兴领域时，其财务活动始终遵循合法合规的原则，为公共服务事业的繁荣发展奠定坚实基础。

2. 加大财政扶持力度

政府为了进一步推动事业单位在财务管理方面的现代化与创新发展，决定加大财政扶持力度，并设立一系列专项基金，旨在精准支持事业单位在财务管理信息化建设、人才培养以及其他关键领域的转型升级。这一举措不仅体现了政府对事业单位发展的高度重视，也彰显了其致力于提升公共服务质量和效率的决心。

（1）财务管理信息化建设专项基金

在全球数字化浪潮的推动下，事业单位财务管理的现代化转型已成为不可逆转的趋势。在此背景下，财务管理信息化建设专项基金应运而生，成为推动这一转型的关键力量。该基金致力于全方位、系统性地支持事业单位引入先进的财务管理软件与系统，引领其迈向更加高效、智能的财务管理新时代。该基金首先助力事业单位告别传统的手工记账和低效电子表格处理模式，转而采用专业软件实现财务数据的自动化处理。通过内置精密算法，软件能够对海量数据进行深度分析，精准揭示资金流向、成本结构及潜在财务风险，极大提升了财务信息的准确性和时效性。这意味着，每一笔账目都将清晰可查，每一个决策都将有据可依，管理层将能够实时掌握单位的最新财务动态，从而在竞争激烈的市场环境中抢占先机。政府以前瞻性的视角，鼓励事业单位积极拥抱云计算、大数据、人工智能等前沿技术。云计算为财务数据提供了弹性扩展、按需取用的云端存储空间，有效降低了硬件购置与运维成本；大数据技术能够深入挖掘财务数据背后的规律，为预算编制、决策制定提供科学依据；人工智能则进一步推动了财务流程的智能化升级，如智能报销系统能够自动识别票据真伪，判断其合规性，并快速完成报销流程。这些技术的融合应用，构建了一个智能化的财务管理平台，全面优化了从预算编制到资金拨付，再到财务监督的各个环节，显著提升了管理效率。

此外，该专项基金还高度重视信息安全建设。它资助事业单位采购先进的防火墙、加密设备等网络安全硬件，以抵御外部黑客攻击和恶意软件入侵。同时，助力打造严密的内部权限管理体系，根据岗位职能精细划分数据访问级别，确保每位员工只能接触职责范围内的财务数据。这些措施全方位保障了财务数据的安全性与保密性，让事业单位在享受数字化转型红利的同时，无需担忧信息安全问题。

（2）人才培养与引进专项基金

事业单位财务管理的水平直接关乎其公共服务效能及可持续发展潜力。鉴于此，政府高瞻远瞩，专门设立了人才培养与引进专项基金，旨在为事业单位财务管理领域培育并吸纳高素质人才，为其注入源源不断的发展动力。

该专项基金将重点投入事业单位财务管理人才的全面培养与高端引进，尤其聚焦于高级财务管理人才及信息技术复合型人才的培养与引进。高级财务管理人才如同财务管理领域的灯塔，凭借其深厚的专业知识、丰富的实战经验及敏锐的战略洞察力，能够精准引领单位资金的战略部署，在复杂多变的经济环境中为单位制定科学合理的财务规划，推动其实现跨越式发展。而信息技术复合型人才则如同连接财务管理与数字化浪潮的纽带，他们既精通财务流程的精妙之处，又熟练掌握云计算、大数据、人工智能等前沿技术，能够将先进技术无缝融入财务管理实践，推动财务工作的智能化转型，为单位创造更多价值。

为吸引并留住人才，政府采取了多项创新举措。一方面，通过设立奖学金，激励广大学子在高校阶段便深入钻研财务管理专业知识，尤其是与事业单位财务需求紧密相关的课程，为日后投身财务管理工作奠定坚实基础。针对在职财务人员，政府提供培训补贴，鼓励他们参加高端财务培训课程和行业研讨会，持续提升专业素养。另一方面，政府推出人才引进奖励政策，无论是重金聘请经验丰富的资深财务专家，还是招募新兴领域的复合型青年才俊，都展现出政府与事业单位对人才的渴求，让各路精英看到广阔的职业前景，心甘情愿为事业单位财务管理贡献力量。

同时，政府深刻认识到持续学习对于人才成长和保持竞争力的重要性。因此，政府将精心策划并定期举办专业培训与交流活动，搭建一个汇聚智慧、共享知识的优质平台。培训内容既涵盖传统财务领域的深化课程，如复杂财务报表分析、税收政策解读等，帮助财务人员巩固基础、应对挑战；又紧跟时代发展，开设数字化财务转型、人工智能在财务风险预警中的应用等前沿课程，让财务管理人员及时掌握新知识、新技能，紧跟行业发展趋势。交流活动则更加多元化，既有同行业财务人员之间的经验分享，也有学术界专家、企业界大咖的专题讲座与互动沙龙，让理论与实践充分交融，拓宽财务管理人员的视野，切实促进知识更新与技能提升，为事业单位财务管理的持续改进奠定坚实的人才基础。

（3）财务管理创新实践奖励机制

在当今这个日新月异的时代，创新已成为推动各领域发展的核心引擎，事业单位的财务管理领域同样亟须创新力量的注入。为此，政府匠心独运，推出了财务管理创新实践奖励机制，旨在激发事业单位在财务管理领域的创新活力，为行业的转型升级注入强劲动力。

对于那些敢于打破传统财务管理框架，积极投身于创新实践，并取得显著成果的事业单位，政府将给予全方位、高规格的奖励。

1）资金奖励

资金奖励如同一股清泉，为这些在创新道路上不懈奋斗的单位提供了坚实的物质支持。这些资金不仅能够帮助获奖单位进一步巩固和深化已有的创新成果，为系统升级、技术迭代、人才培养等关键环节提供有力保障，还能够激励它们利用自身资源去探索新的未知领域，开启新一轮的创新征程。

2）荣誉表彰

荣誉表彰是一种无形的精神激励。政府通过隆重的颁奖仪式、正式的官方公告以及广泛的行业宣传，将这些创新先锋单位推向舞台中央，让它们成为同行学习的楷模。这份荣誉不仅是对单位过去成绩的认可，更是对其未来发展的高度期待，赋予了它们无可比拟的品牌价值和公信力。这将吸引更多的合作机会和人才资源向这些单位汇聚，从而形成良性循环，不断扩大创新的影响力。

奖励机制覆盖财务管理的多个关键领域。在财务管理信息化建设方面，那些成功引入前沿信息技术，构建智能化财务系统，实现财务数据实时共享和精准分析，从而革新传统财务工作流程的单位，将成为奖励的有力竞争者。在成本控制优化方面，若单位能够通过精细化管理、供应链重塑、工艺改进等创新手段，在保持服务质量的同时大幅降低成本，为公共资源的高效利用树立典范，也将获得奖励的青睐。此外，在资金使用效率提升方面表现突出的单位，无论是创新资金分配模式、精准对接项目需求，还是优化资金回笼策略、实现资金快速周转，都将有机会赢得这份荣誉。

政府推出这一奖励机制，蕴含着深远的战略意图。一方面，旨在激发事业单位内在的创新动力，让它们认识到创新是关乎单位未来发展和社会声誉的关键因素，从而主动寻求变革，勇于尝试新事物，不断挖掘内部潜力。另一方面，鼓励事业单位以更加开放的姿态，持续探索和实践财务管理的新模式、新方法，在行业内掀起一场创新的热潮，让创新的火花逐渐汇聚成推动公共服务持续优化的强大力量，为社会的发展进步贡献力量。

（4）政策引导与宣传

为了更有效地推进财务管理创新，政府将采取一系列政策引导与宣传措施，确保专项基金的有效利用，并提升事业单位对财务管理创新重要性的认识。

1）政策引导

在推动事业单位财务管理迈向现代化的进程中，政策引导扮演着至关重要的"领航者"角色。政府凭借深远的战略视野与务实的操作策略，全方位布局，确保专项基金如"及时雨"般精准灌溉那些富有创新活力、能带来显著社会效应的财务管理项目。

首先，在专项基金的适用范围上，政府将投入大量精力，精心编制一部详尽且具有高度操作性的使用指南。这部指南如同一本详尽的"导航手册"，清晰勾勒出资金可精准投向的财务管理创新活动领域。在系统升级层面，其鼓励事业单位摒弃过时的财务信息系统，引入集成云计算、大数据分析、人工智能等前沿技术的智能化财务管理平台，实现财务数据的即时捕获、深度挖掘与智能决策支持，引领财务工作从传统的手工录入与简单统计向自动化、智能化新时代迈进；在技术引进方面，它支持单位积极吸收国内外财务管理领域的尖端技术，如利用区块链技术确保财务数据的不可篡改与可追溯性，借助物联网技术实现资产的智能化管理与精确盘点，为财务管理提供坚实的技术支撑；在人才培养上，它涵盖了从资助高校定向培育专业财务人才，到为在职人员提供定制化高端培训课程，内容涵盖财务管理、信息技术、战略规划等多元化知识体系，全方位塑造具备高素质与复合能力的财务团队。

其次，政府将审慎设定清晰且科学合理的申请条件，犹如精心挑选"创新先锋"。在考量事业单位的多维度关键因素时，依据单位的人员规模、资产总量、服务范围等，评估其财务管理的复杂程度与创新需求的层次。同时，现有财务管理基础也是重要的评判依据，对已具备信息化建设基础、初步建立财务内控体系的单位给予优先考虑，因其更具备承接创新项目、放大资金效能的潜力。此外，创新需求的迫切性则通过单位业务拓展速度、面临的财务挑战严峻程度等因素进行评定。唯有全面满足这些严格条件的事业单位，方能获得申请基金支持的资格，以此严格筛选，确保资金能够流向最能发挥其价值的"创新热土"，实现资金的合理利用，避免浪费与错配。

最后，审批流程的设计将秉持公开透明的原则，致力于构建一个公平、公正、高效的"透明通道"。政府充分利用数字化工具，搭建线上审批平台，实现申请材料的便捷提交、全程追踪与即时反馈。每个关键审批环节、审核标准均清晰公示，让申请者一目了然，既消除暗箱操作的隐患，又便于申请者依据标准自我检查与修正，提升申请成功率。同时，引入由财务管理专家、技术权威、行业资深从业者等组成的专业评审团队，从多角度对申请项目进行全面评估，确保评审结果的科学与权威。对于优质项目，开辟快速通道，简化烦琐程序，让资金能够迅速穿越层层流程，直达项目核心，为每一个潜力项目提供平等竞争、脱颖而出的宝贵机会，为财务管理创新实践持续注入强大动力。

2）宣传

在宣传策略上，政府将全方位、多层次地利用媒体资源，旨在通过电视、广播、报纸、网络等多种渠道，广泛而深入地传播财务管理创新的重要性以及专项基金的支持政策，以此激发事业单位和社会各界的广泛参与和持续关注。

a. 策划专题报道

政府正着手策划一系列专题报道，旨在以高远的视野和细腻的笔触，深入挖掘财务管理创新在推动事业单位发展进程中的核心效能，全面展现其在提升运营效率、增强财务透明度、促进资源优化配置等方面的显著贡献。

在提升运营效率的篇章中，报道将化身为"效率探索者"，深入那些因进行财务管理创新而焕发新生的事业单位内部。例如，一家市级科研事业单位，曾饱受项目经费审批流程烦琐之苦，科研人员频繁陷入冗长的纸质表格填写与层层审批之中，导致科研项目进展缓慢。然而，自引入基于云计算与智能流程自动化技术的财务管理系统后，经费审批实现了线上快速流转。科研人员只需轻松上传资料，系统便能依据规则自动推送至审批节点，同时，大数据分析还能预估审批时长，助力科研人员合理规划工作。这一变革使得经费审批周期从一个月大幅缩短至一周以内，科研人员得以将更多精力投入科研，成果产出速度显著提升，单位运营效率如同插上了翅膀，飞速提升。

在增强财务透明度的报道中，镜头将聚焦于典型的社会福利事业单位。以一家大型养老院为例，过去财务账目公开程度有限，常引发家属疑虑与纠纷。但自养老院采用区块链技术搭建财务公开平台后，每一笔费用的来源与去向都被如实记录，不可篡改，随时可查。家属只需扫描二维码，便能清晰了解费用详情，财务透明度大幅提升，信任桥梁得以建立，养老院的社会形象与运营环境也随之改善。

在促进资源优化配置的篇章里，报道将以某地区的生态保护事业单位为例。过去，该单位在生态修复与环境监测项目间的资金分配缺乏精准数据支撑，导致资源分配不均。然而，借助大数据与人工智能的协同作用，该单位得以深度分析历史数据，精准预测未来需求，从而科学规划资金流向。这一变革使得生态修复项目获得充足资金，关键区域生态环境逐步改善。同时，环境监测项目也实现了设备优化配置，监测效率与精准度大幅提高，为地区生态保护事业奠定了坚实基础。

这些专题报道将巧妙融合详实且具代表性的具体案例，摒弃晦涩难懂的专业术语，采用生动、贴近生活的语言风格，并搭配图文并茂、短视频等多元化表现形式，全方位、立体化地展现财务管理创新为事业单位带来的显著成效。报道旨在让每一位事业单位管理者、从业者都能感受到创新的强大力量，从而激发他们主动投身于财务管理创新实践的热情与决心。

b. 组织系列访谈节目

政府将组织系列访谈节目，旨在搭建一座连接财务管理前沿理念与实践经验的桥梁，为财务管理领域的精英翘楚提供一个深度对话的舞台。从筹备之初，政府便广邀财务管理领域的专家学者、行业领袖及成功实施创新的事业单位代表，共同参与这一智慧碰撞的盛会。

专家学者们，如同智慧海洋中的灯塔，他们将在节目中引领观众深入探索财务管理创新的奥秘。这些学者不仅精通理论，更对宏观经济形势与事业单位财务管理模式的变革有着独到见解。他们将剖析新兴技术如何推动财务体系的思维革命，如一位知名高校的财务管理学教授，以其深厚的数字化财务转型研究为基础，生动讲解大数据技术如何重塑财务分析逻辑，为事业单位提供决策支持，助力其规避风险，抢占先机。

行业领袖们，则如同商海中的领航者，他们凭借丰富的实战经验，为观众带来行业动态与趋势的深刻洞察。这些领袖站在市场前沿，见证了财务管理创新在不同业态下的多样实践。例如，一位顶尖金融企业的CFO，分享其如何在复杂多变的市场环境中，运用敏捷财务管控体系，快速响应业务需求，实现资金高效周转的成功案例，为事业单位提供宝贵的实战借鉴。

而那些成功实施财务管理创新的事业单位代表，则如同鲜活的实践样本，他们将带着亲身经历的宝贵经验与深刻感悟，与观众分享财务管理创新的艰辛历程与辉煌成就。以一家市级文化馆为例，该单位曾受制于资金瓶颈与传统管理思维，但通过引入精细化成本核算与社会资本合作的创新模式，不仅精准控制了活动成本，还成功撬动了外部资源，大幅提升了服务品质与辐射范围。这些代表将详细复盘创新历程，分享从项目启动到实施过程中的挑战与突破，为同行提供宝贵的经验与启示。

访谈节目将围绕财务管理创新的实践细节、挑战与机遇展开深入讨论。从如何根据事业单位特色量身定制创新方案，到面对技术落地、人员观念转变、制度适配性等挑战时的应对策略，再到政策利好、社会需求升级、技术迭代加速等机遇的敏锐捕捉，全方位呈现财务管理创新的广阔天地。

在节目呈现形式上，政府将摒弃单调的说教方式，采用生动活泼的对话氛围，结合直观的案例演示、数据可视化图表及实地拍摄的事业单位财务管理创新场景短片，为观众呈现一个全面、立体的财务管理创新图景。这不仅能够激发观众的深度思考与强烈共鸣，还能在全社会掀起一股探索财务管理创新之路的热潮，推动财务管理领域不断向前发展。

c. 制作并投放公益广告

为了进一步扩大财务管理创新理念的传播范围，提高公众对其重要性的认识，并有效传达专项基金的支持政策，政府将精心制作并投放一系列公益广告。这些广告旨在以简洁明了、富有感染力的方式，激发社会各界对财务管理创新的关注与参与。

针对不同受众群体的特点和喜好，政府将采用多样化的表现形式来制作这些公益广告。如对于儿童和青少年群体，可以采用生动活泼的动画形式，通过趣味性的故事情节，寓教于乐地传达财务管理创新的基本概念及其对个人成长和未来职业规划的积极影响。这些动画广告将运用鲜明的色彩、可爱的角色和易于理解的语言，让孩子们在轻松愉快的氛围中接受新知。

而对于成年人和职场人士，可以推出精心制作的短片广告。这些短片将聚焦财务管理创新在企业和事业单位中的实际应用案例，展示其如何帮助企业提升运营效率、降低成本、增强竞争力。同时，短片还将详细介绍专项基金的支持政策，包括申请条件、审批流程、资金支持额度等关键信息，以便企业和事业单位能够及时了解并充分利用这一政策红利。

此外，政府还将利用图文广告的形式，进一步扩大信息的覆盖面。这些图文广告结合简洁明了的文字说明和直观生动的图表展示，让公众能够迅速了解财务管理创新的核心要点和专项基金的支持政策。这些广告将投放在各类媒体平台上，包括社交媒体、新闻网站、公共场所的电子显示屏等，以确保信息的广泛传播和有效触达。

除了传统媒体外，政府还将充分利用网络资源，通过官方网站、社交媒体平台等渠道，发布财务管理创新的最新动态、政策解读、项目成果等信息，为事业单位和社会各界提供一个便捷、高效地获取信息的途径。同时，政府还将鼓励和支持事业单位通过网络平台分享自己的财务管理创新经验，形成良好的互动与交流氛围。

（5）举办政策解读会

为了深化事业单位对财务管理创新与专项基金政策的理解，把握政策带来的机遇，政府决定定期举办一系列政策解读会。这些解读会将成为政府、专家、学者及行业代表之间深入交流的重要平台，旨在全面、细致地解析政策背景、目标、申请流程等关键信息，助力事业单位更好地利用政策资源，推动财务管理创新的发展。

在每次解读会上，政府将邀请在财务管理、政策研究等领域具有深厚造诣的专家、学者进行主题演讲。他们将结合政策原文与实际操作经验，深入浅出地阐述专项基金的政策背景、设立目的、支持范围、申请条件、审批流程等核心内容。通过专业、权威的解读，帮助事业单位全面理解政策精神，明确申请方向，提高申请成功率。

除了专家讲解外，解读会还将设置互动环节，为事业单位提供一个提问与分享的平台。在互动环节中，事业单位可以就政策解读中的疑问、困惑或实际操作中遇到的问题向专家提问，寻求专业解答。同时，事业单位也可以分享自己在财务管理创新方面的实践经验、成功案例或遇到的挑战，与其他参会者共同探讨解决方案，形成经验交流、资源共享的良好氛围。

政府还将利用解读会的机会，收集事业单位对政策的反馈意见和建议。这些反馈将作为政府后续优化政策、完善服务的重要依据，有助于政府更加精准地把握事业单位的需求，提供更加贴合实际、高效便捷的政策支持。

为了确保解读会的广泛参与和深入交流，政府将采取线上线下相结合的方式举办活动。线上解读会通过视频会议平台进行直播，方便远程参会者实时观看、提问与互动；线下解读会在政府指定的会议场所举行，邀请周边地区的事业单位代表现场参加，面对面交流。

通过这些政策引导与宣传措施，政府旨在营造一个良好的创新氛围，激发事业单位参与财务管理创新项目的积极性。政府将鼓励事业单位主动探索新的财务管理模式和方法，共同推动财务管理现代化的进程。同时，政府也将持续关注项目的实施效果，及时调整政策，确保专项基金能够发挥最大的社会效益，为事业单位的可持续发展提供有力支持。

3. 强化行业监管与指导

在推动事业单位财务管理向更高层次的规范化、现代化迈进的过程中，政府深刻认识到强化行业监管与指导的重要性，并将其视为确保财务管理工作稳健前行的关键"压舱石"。

为此，政府正着手建立一支由财务审计、法规监察、行业技术等领域的精英组成的专门监督机构，旨在构建一个全方位、多层次的监管网络。这支"精锐之师"将通过定期巡检与不定期抽查的创新监管模式，确保政策能够得到有效执行。

在定期巡检方面，监督机构将依据科学的巡检周期，如每季度开展一次全面排查，深入各事业单位，对其财务管理的各个方面进行细致入微的"体检"。从财务制度的合规性审查，到财务管理软件与系统的使用情况核查，再到资金使用流向的追踪，监督机构将全面覆盖，不留死角。他们将严格检查事业单位是否遵循国家统一的财务会计准则，是否存在私自设立"小金库"、违规挪用资金等乱象。同时，也将确认事业单位是否充分利用专项基金引入先进技术，实现数据的自动化处理，避免低效的手工记账现象。

而不定期抽查则如同一把利剑，直击潜在问题。借助大数据分析技术与群众举报线索，监督机构将针对风险较高的领域和过往问题频发的单位进行突击检查。例如，当发现某单位在某一时段内频繁进行大额资金转移且与正常业务收支规律不符时，监督机构将迅速启动抽查程序，深挖背后可能存在的违规交易、利益输送等严重问题。通过这种刚柔并济的监管方式，确保政策得到不折不扣的执行，让每一个事业单位都时刻保持警惕，紧绷合规管理之弦。

除了强化监管外，政府还高度重视事业单位间的协同发展。为此，政府将全力搭建行业交流平台，精心组织一系列丰富多彩的活动，如经验分享会、研讨会等，为事业单位间的知识共享与携手共进创造有利条件。

在经验分享会上，那些在财务管理创新实践中取得显著成效的单位将成为主角。他们将毫无保留地分享成功秘诀，为其他事业单位提供可借鉴的宝贵经验。例如，某知名高校附属三甲医院通过构建精细化成本管控体系，成功降低了年度运营成本。他们将详细拆解这一体系的构建步骤，从科室成本核算的精准划分、耗材采购流程的优化到医护人员成本意识的培养等各个环节，为整个行业树立标杆。

而研讨会则聚焦前沿热点与疑难问题，邀请专家学者、行业精英共聚一堂，共同探讨解决方案。例如，当区块链技术在财务管理领域崭露头角时，研讨会将围绕其应用前景、实施难点、安全风险等展开热烈讨论。专家们各抒己见，分享最新研究成果，为事业单位财务管理的未来发展开拓新思路。

通过这些活动，政府可以促进知识在行业内的自由流动，打破单位间的信息壁垒，推动事业单位间的协同发展。这将有助于形成互帮互助、你追我赶的良好行业生态，助力整个事业单位群体在财务管理创新之路上不断前行，迈向更加辉煌的未来。

（二）事业单位自身

1. 树立战略财务管理理念

事业单位的持续发展愈发依赖于科学、精确的管理模式，其中，战略财务管理理念的树立变得尤为迫切和关键。事业单位必须深刻意识到，财务管理绝非简单的账目处理与资金流转管理，而是需要与单位的整体战略规划紧密相连，站在战略的高度，进行全方位、前瞻性的财务规划。

在制定长期发展规划的同时，事业单位必须同步开展详尽的财务战略规划。一方面，要明确设定各个发展阶段的清晰、具体的财务目标，这些目标不仅要具备可行性，还要与单位的长期愿景高度契合，成为引领财务工作不断前行的灯塔。例如，在初创扩展阶段，财务目标可能侧重于确保基础业务所需的充足资金支持；而进入成长稳定期后，目标则转向优化资金结构、提高资金使用效率等方面。

另一方面，明确界定关键任务同样至关重要。这包括精确编制与管控预算，确保资金能够精准投入到对单位发展最具价值的业务领域；加强成本管理，消除不必要的开支浪费，挖掘内部潜力以实现成本效益最大化；以及积极开辟多元化的资金来源渠道，降低对单一资金源的依赖，增强财务抗风险能力等核心任务。

同时，制定与之匹配的资源配置方案也是重中之重。事业单位需要根据不同阶段的业务需求、项目优先级以及财务状况，合理分配人力、物力、财力资源。对于核心业务和重点项目，应给予充分的资金倾斜，确保其顺利推进；而对于辅助性业务，则应按照效益最大化原则进行适度投入。通过系统性、精细化规划，确保财务管理与业务发展如影随形、协同并进，共同推动事业单位在时代的洪流中稳健前行，持续为社会提供高质量的公共服务，实现自身的社会价值与发展使命。

2. 优化内部治理结构

随着社会的迅猛发展和公共服务需求的日益多元化，事业单位正面临着前所未有的挑战与广阔的发展机遇。在此背景下，优化内部治理结构，成为了事业单位实现高质量发展的关键路径。

事业单位的首要任务是明确界定财务部门与其他业务部门的权责边界，这是确保各项工作高效、有序开展的基础。财务部门不应局限于传统的财务核算角色，而应积极参与单位的战略决策过程，利用专业的财务分析能力为业务拓展、项目投资等提供有力的数据支持和风险预警。同时，业务部门在专注于业务发展的同时，必须严格遵守财务规章制度，对项目预算执行、成本控制等财务事项承担直接责任。例如，在项目启动之初，业务部门应与财务部门紧密合作，进行成本效益分析，确保项目在经济上具备可行性；在项目执行过程中，业务部门应积极配合财务部门，及时反馈财务数据需求，共同监控资金流向。

为了进一步加强部门间的协同合作，建立跨部门协调机制显得尤为重要。其中，组建一个由财务、业务、技术等多部门精英组成的财务管理变革领导小组，是一项极具创新性的举措。这个领导小组如同一个强大的指挥中心，全面统筹和推进财务管理变革工作。在顶层设计阶段，领导小组根据单位的战略目标，制定详细的变革路线图，明确各阶段的任务节点和考核标准；在实施阶段，领导小组致力于打破部门间的壁垒，促进信息的快速流通与共享。财务部门可以及时向业务和技术部门传达最新的财务政策和资金状况，为其工作调整提供有力支持；业务部门则将一线的业务需求和痛点反馈给财务部门，助力其优化工作流程。同时，技术部门利用先进的数字化手段，为财务变革搭建起高效的信息系统平台，实现财务数据的自动化采集和分析，提升财务管理的智能化水平。

通过这种紧密而高效的合作模式，各部门形成了一个强大的工作合力，如同一个协同运作的精密系统，共同推动事业单位财务管理变革向更深层次发展。这不仅为事业单位在新时代的浪潮中破浪前行提供了坚实保障，也为持续提升公共服务效能奠定了坚实基础，书写着事业单位发展的新篇章。

二、实施路径

（一）短期

首要任务是迅速启动针对现有财务人员的培训项目，通过短期集中培训，强化他们在信息技术应用、新会计制度以及管理会计方法等关键领域的知识和技能，确保他们能够快速适应变革初期的工作需求。同时，为了加速变革进程，单位将引进一小批具备前沿技术与财务管理双重背景的高端人才，以增强变革核心团队的实力。紧接着，相关人员将对现有财务系统进行全面评估与优化。通过细致梳理业务流程，识别并解决信息化瓶颈与流程冗余问题，优先实现数据互联互通，完成部分关键业务系统的初步集成，例如财务报销与预算管理系统的对接，从而提升基础财务工作的效率。

（二）中期

在短期策略的基础上，将进一步推进技术应用。根据单位的业务特点与实际需求，分阶段引入智能财务工具、大数据分析平台以及云计算服务等，构建一个智能化的财务管理生态系统。例如，科研单位将重点建设科研项目成本核算与分析的大数据平台，而医疗单位则将搭建基于云计算的医疗资源管理系统，以提升财务管理的精准度和决策的科学性。同时，单位将全面完善制度体系。结合前期变革实践的反馈，对内部财务制度进行修订，细化会计核算、预算管理、成本控制等流程规范，并建立配套的审计监督制度，确保制度严密有效，为变革提供坚实的制度保障。

（三）长期

在长期规划中，将持续深化业财融合。推动财务人员深入业务前端，参与业务的全流程管理，从项目立项、执行到评估，财务都将提供专业支持，实现业务与财务的深度融合。同时，事业单位将建立基于业财融合的绩效评价体系，以业务成果为导向，优化财务资源配置，形成良性循环。

参考文献

[1] 于志刚. 事业单位财务管理与会计监督审核工作初探 [J]. 科学与财富，2024（14）：206-208.

[2] 王晴. 政府会计制度改革对行政事业单位预算与财务管理影响的分析 [J]. 品牌研究，2024（10）：188-190.

[3] 任大伟. 交通运输事业单位的会计核算与财务管理特点与对策 [J]. 财经界，2024（18）：108-110.

[4] 缪斌彬. 新《政府会计制度》下事业单位审计工作存在的问题与解决策略分析 [J]. 当代会计，2024（13）：100-102.

[5] 池坚妮. 行政事业单位基建工程项目会计核算与财务管理的研究分析 [J]. 当代会计，2024（8）：25-27.

[6] 张琼. 探讨行政事业单位会计集中核算与财务管理分析 [J]. 中国民商，2024（10）：150-152.

[7] 毕淑坤. 行政事业单位会计智能化与财务管理的融合探讨 [J]. 中国电子商务，2024（6）：73-76.

[8] 周蕾. 新政府会计制度背景下行政事业单位财务管理的挑战与优化策略 [J]. 知识经济，2024，691（27）：205-207，223.

[9] 鞠云. 现代信息技术对事业单位会计核算与管理工作的影响及应对策略 [J]. 中国农业会计，2023，33（18）：9-11.

[10] 沈继军. 行政事业单位会计处理与财务管理效率提升 [J]. 财经界，2024(3)：147-149.

[11] 刘学刚. 事业单位统计与会计工作的协调运用研究 [J]. 财会学习，2022（14）：80-82.

[12] 孟祥宝. 新会计制度下事业单位财务管理工作探讨 [J]. 财会学习，2024（25）：5-7.

[13] 张静晶. 新会计准则下事业单位财务管理存在的问题与对策 [J]. 当代会计，2023（17）：84-86.

[14] 梁学工. 新政府会计准则对事业单位财务管理的影响与优化 [J]. 现代经济信息，2023，38（6）：116-118.

[15] 李玉. 事业单位财务管理工作中会计集中核算方法应用 [J]. 中国民商，2023（3）：152-154.

[16] 游媚娜. 事业单位财务管理与会计核算提质增效路径探讨 [J]. 财会学习，2023（36）：102-104.

[17] 曹玉敏. 新政府会计制度改革对事业单位财务管理的影响与对策 [J]. 财经界，2022（15）：92-94.

[18] 陈丽娜. 新《政府会计制度》改革与事业单位财务管理 [J]. 财会学习，2022（29）：81-83.

[19] 熊晶. 新《政府会计制度》下事业单位如何做好资产和财务管理工作 [J]. 当代会计，2022（7）：43-45.

[20] 印祥文. 新会计准则下公路事业单位经费支出审批与报销管理工作思考 [J]. 行政事业资产与财务，2022（9）：78-80，104.

[21] 姚萍，姚奕辰. 大型事业单位财务管理工作考核与评价 [J]. 中国农业会计，2022（9）：93-95.

[22] 刘香凤. 管理会计与财务会计在事业单位财务管理中的应用 [J]. 中国产经，2024（6）：126-128.

[23] 刘冰. 新政府会计准则对科研事业单位财务管理的影响与优化 [J]. 发展改革理论与实践，2024，40（16）：4-6.

[24] 周小敏. 现代信息技术对事业单位会计核算与管理工作的影响及应对措施 [J]. 市场调查信息，2024（5）：138-140.

[25] 谷彩虹. 事业单位财务管理与会计核算提质增效路径探讨 [J]. 数字化用户，2024（4）：241-242.

[26] 张乡波. 事业单位统计与会计工作的协调运用分析 [J]. 中文信息，2024（8）：353-354.

[27] 杜立科. 新政府会计制度下事业单位财务管理存在的问题与对策研究 [J]. 商业故事，2022（13）：91-93.

[28] 孙宗华 . 强化会计基础工作　提高事业单位财务管理水平 [J]. 首席财务官，2022（10）：114-116.

[29] 韦泽辉 . 新《政府会计制度》下行政事业单位财务管理的策略研究 [J]. 当代会计，2024（20）：58-60.

[30] 邵宇 . 行政事业单位会计工作符合审计要求需注意的若干问题分析 [J]. 中国乡镇企业会计，2024（10）：25-27.

[31] 刘雨欣 .《政府会计制度》对事业单位财务管理的影响及应对 [J]. 品牌研究，2023（17）：235-237.

[32] 解星星 . 行政事业单位会计基础工作规范化建设研究 [J]. 财会学习，2024（27）：80-82.

[33] 郭艳丽 . 内控视角下行政事业单位会计基础工作规范研究 [J]. 南北桥，2024（3）：73-75.

[34] 赵静 . 新政府会计制度下事业单位财务管理的问题与对策分析 [J]. 大众商务，2023（18）：87-88.

[35] 刘玉华，靳丽霞 . 新形势下行政事业单位财务管理与会计核算实务问题及挑战 [J]. 经济与社会发展研究，2022（26）：36-38，71.